世界哲學家叢書

# 王　安　石

王　明　蓀　著

*1994*

東大圖書公司印行

國立中央圖書館出版品預行編目資料

王安石／王明蓀著．--初版．--臺北市：
東大發行：三民總經銷，民83
　　面；　　公分．--（世界哲學家叢書）
參考書目：面
含索引
ISBN 957-19-1688-9（精裝）
ISBN 957-19-1689-7（平裝）

1.(宋)王安石—學術思想—哲學

125.16　　　　　　　　　　　　83007708

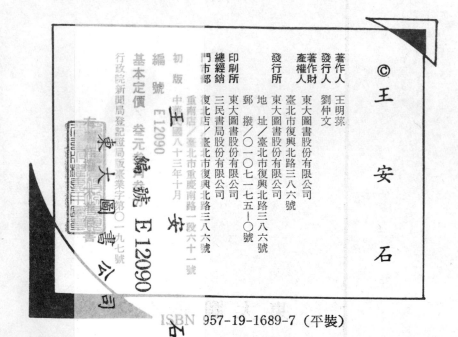

© 王安石

著 作 人　王明蓀
發 行 人　劉仲文
著作財產權人　東大圖書股份有限公司
發 行 所　東大圖書股份有限公司
　　　　　地址／臺北市復興北路三八六號
　　　　　郵撥／〇一〇七一七五─〇號
印 刷 所　東大圖書股份有限公司
總 經 銷　三民書局股份有限公司
門 市 部　復北店／臺北市復興北路三八六號
　　　　　重南店／臺北市重慶南路一段六十一號
初 版　中華民國八十三年十月
編 號　E 12090
基本定價　叁元肆角
行政院新聞局登記證局版臺業字第〇一九七號

ISBN 957-19-1689-7（平裝）

# 「世界哲學家叢書」總序

　　本叢書的出版計畫原先出於三民書局董事長劉振強先生多年來的構想，曾先向政通提出，並希望我們兩人共同負責主編工作。一九八四年二月底，偉勳應邀訪問香港中文大學哲學系，三月中旬順道來臺，即與政通拜訪劉先生，在三民書局二樓辦公室商談有關叢書出版的初步計畫。我們十分贊同劉先生的構想，認為此套叢書（預計百冊以上）如能順利完成，當是學術文化出版事業的一大創舉與突破，也就當場答應劉先生的誠懇邀請，共同擔任叢書主編。兩人私下也為叢書的計畫討論多次，擬定了「撰稿細則」，以求各書可循的統一規格，尤其在內容上特別要求各書必須包括 (1) 原哲學思想家的生平；(2) 時代背景與社會環境；(3) 思想傳承與改造；(4) 思想特徵及其獨創性；(5) 歷史地位；(6) 對後世的影響（包括歷代對他的評價），以及 (7) 思想的現代意義。

　　作為叢書主編，我們都了解到，以目前極有限的財源、人力與時間，要去完成多達三、四百冊的大規模而齊全的叢書，根本是不可能的事。光就人力一點來說，少數教授學者由於個人的某些困難（如筆債太多之類），不克參加；因此我們曾對較有餘力的簽約作者，暗示過繼續邀請他們多撰一兩本書的可能性。遺憾

的是，　此刻在政治上整個中國仍然處於「一分為二」的艱苦狀
態，加上馬列教條的種種限制，我們不可能邀請大陸學者參與撰
寫工作。不過到目前為止，我們已經獲得八十位以上海內外的學
者精英全力支持，包括臺灣、香港、新加坡、澳洲、美國、西德
與加拿大七個地區；難得的是，更包括了日本與大韓民國好多位
名流學者加入叢書作者的陣容，增加不少叢書的國際光彩。韓國
的國際退溪學會也在定期月刊《退溪學界消息》鄭重推薦叢書兩
次，我們藉此機會表示謝意。

　　原則上，本叢書應該包括古今中外所有著名的哲學思想家，
但是除了財源問題之外也有人才不足的實際困難。就西方哲學來
說，一大半作者的專長與興趣都集中在現代哲學部門，反映著我
們在近代哲學的專門人才不太充足。再就東方哲學而言，印度哲
學部門很難找到適當的專家與作者；至於貫穿整個亞洲思想文化
的佛教部門，在中、韓兩國的佛教思想家方面雖有十位左右的作
者參加，日本佛教與印度佛教方面卻仍近乎空白。人才與作者最
多的是在儒家思想家這個部門，包括中、韓、日三國的儒學發展
在內，最能令人滿意。總之，我們尋找叢書作者所遭遇到的這些
困難，對於我們有一學術研究的重要啓示（或不如說是警號）：
我們在印度思想、日本佛教以及西方哲學方面至今仍無高度的研
究成果，我們必須早日設法彌補這些方面的人才缺失，以便提高
我們的學術水平。相比之下，鄰邦日本一百多年來已造就了東西
方哲學幾乎每一部門的專家學者，足資借鏡，有待我們迎頭趕
上。

　　以儒、道、佛三家為主的中國哲學，可以說是傳統中國思
想與文化的本有根基，有待我們經過一番批判的繼承與創造的發

展，重新提高它在世界哲學應有的地位。為了解決此一時代課題，我們實有必要重新比較中國哲學與（包括西方與日、韓、印等東方國家在內的）外國哲學的優劣長短，從中設法開闢一條合乎未來中國所需求的哲學理路。我們衷心盼望，本叢書將有助於讀者對此時代課題的深切關注與反思，且有助於中外哲學之間更進一步的交流與會通。

最後，我們應該強調，中國目前雖仍處於「一分為二」的政治局面，但是海峽兩岸的每一知識分子都應具有「文化中國」的共識共認，為了祖國傳統思想與文化的繼往開來承擔一分責任，這也是我們主編「世界哲學家叢書」的一大旨趣。

傅偉勳　韋政通

一九八六年五月四日

# 自　序

　　在近代以來的歷史中，王安石是常被列為討論的對象。舉凡
欲有所興革，或政治上的新制推行，總要言及安石的變法以之為
範；而同樣地，凡反對新制改革者，也屢屢述及安石並以之為警
例。王安石本人及那一時代的歷史，在正反兩面的評價中表現出
其爭議性。甚至於在討論儒家、法家的問題，君子與小人的問題
上，安石也難免其爭議之所在。

　　對安石所生的爭議，主要是在政治上的考慮，基於此，則不
易獲得公論，隨時境之異而有所不同，抑且單就政治史上的探
討，也難以周全；因此，近代頗有從思想的層面加以研析，希望
能透過這種研究，進一步了解其政治活動的理論基礎，以便對他
的歷史評價能有所定位。

　　安石的歷史地位，除上述在政治史方面的研討有其必要，在
文學史、學術及思想史方面也有探究的價值；而安石學識極為廣
博，天分奇高，表現在各方面的成就都引人注目，從任何一個方
面來觀察他的表現，都不難見其所具的地位；但若僅就方面的探
討，卻也不易窺其全貌。作為哲學家的安石，除去哲學上的理論
外，其他方面的思想也有豐富的內涵，都需要加以處理，俾便展
現「荊公新學」之要義。

宋代建國後的一般形勢，由初期到中期的時代環境，以及安石的生平經歷等，是本書首先要敍述之處，其中包括了政治、社會、學術等背景。其次是說明安石對先秦諸子的看法，藉此可了解他思想上的一些觀點，同時也將安石當時代的哲學思潮作大略地論述，以便比較他在其間的關係，同時也可以發現當時的共同課題。第三章在於探討安石的宇宙論，可見其天道觀及形上學的部分。第四章論安石的倫理學及知識論，由道德哲學看其人性、價值等理論，同時兼述知識論。第五章將安石的文學、歷史、經學等思想作一探討，由主旨的觀念來展現這些方面的思想。第六章則論及安石的政治、財經思想，處理的方式同於前章，分別列出專題加以討論。第七章為安石的人才及教育思想，除去呼應了前面曾論及的倫理學、知識論等為其哲學基礎，也特別強調其對人才、教育的問題。末章以安石同時代及後代對他的一些評價作為結束，但以「荆公新學」為討論的對象。

王　明　蓀

序於1994年初春

# 王安石 目次

# 第一章　王安石所處之時代
## 及其生平與著作

## 一、時代環境

　　王安石生於宋眞宗天禧五年（1021）的冬天，次年，眞宗去世；仁宗繼位。此時距趙匡胤建國以來約有六十個年頭，宋代的基本國策及其政權基礎皆已相當穩固，開始邁向中期的發展。

　　王安石在宋代的政治史上以及學術思想史上都是處在一個轉接的地位，也就是前期的尾聲與中期的開端。下面的一些人物及事件可供我們了解那時期的某些概貌：　安石生前一年張載生（1020），　前二年司馬光、曾鞏生（1019），　前四年周敦頤生（1017），　前十四年歐陽修生（1007），　前十七年宋遼澶淵之盟（1004），前二十八年有王小波、李順之亂（993），前三十四年宋遼岐溝關大戰。在安石生後十五年有慶曆黨議發生（1036），　後十七年西夏李元昊稱帝（1038），　後二十二年范仲淹主持慶曆變法（1043），　變法之次年爲宋夏和議成立，後四十四年有英宗朝之濮議發生（1065），　其時安石正除知制誥而居江寧守母喪；兩年後，神宗卽位。

　　宋太宗太平興國四年（979）五月，北漢劉繼元降宋，五代十

國分裂的局面到此結束，中國本部復歸統一。然則太宗欲恢復五代時石敬瑭割讓於遼的燕雲十六州之地，因之爆發宋、遼間的大戰，但宋軍終敗於高梁河（幽州城外，即今北京西直門外）。次年，遼為報宋軍攻幽州之戰，大舉南下；太宗親征，復大敗於瓦橋關（河北雄縣）。雍熙三年（986）三月，宋大軍北伐，失利於岐溝關（河北涿縣西南），宋軍大潰而還。宋、遼間的大戰到此告一段落，但雙方邊區的戰事及衝突仍然未止，要到眞宗澶淵之盟時才算結束❶。

　　契丹民族所建立的遼國正當唐末五代之際，較趙宋立國要早半個世紀餘。宋太宗對遼大戰之時，遼已是北亞洲的強國，五代北方各政權或割據勢力無不在其壓力之下；石敬瑭的割地、稱臣可堪為代表，乃竟至於契丹滅後晉而入主中原；「遼」之國號也於此時建立。雖然契丹人旋即退出中原，但威脅仍在，尤以燕雲十六州之割讓，致險要盡失，人口、資源也增益遼國之實力，無怪乎周世宗至宋初皆積極備邊進取，欲收復失土以鞏固。宋繼後周之政權，國防上都同樣有先天不足之弊，極易受到強鄰之威脅。因太宗北伐失利，無以扭轉國防上先天的劣勢，遼始終也成為宋朝北方的強敵。

　　眞宗景德元年（1004）的澶淵之盟，是宋、遼雙方結束敵對狀態而正式簽訂的和約。和約仍因戰事而啓，遼軍南下突入河北，是繼太宗北伐後常起的報復行動之一，戰場的變化顯示出雙方實力約略相當，而宋朝主和的態度及措施的得當，終至達成和約的訂立。太宗由於北伐失利後即開始尋求和談，朝中政論也漸

❶　宋代對遼之戰事以太宗時最烈，重要戰役有十四次，總結為宋軍稍勝。參見程光裕《宋太宗對遼戰爭考》。

趨通和之策，到眞宗朝就成爲對遼政策的主流，其言論除去傳統歷史中所常見的和平止戈之論，如修德以徠、厚財賄賂、息民守內等之外，還有現實之考慮，如河北殘破、武力不足等，加之宋、遼雙方長期敵對，旣無改於現況，復損兵折將，致將士亦生保境安民之主張。澶淵之盟的達成，與其說宋人屈辱於城下之盟，毋寧是雙方國力相當而有實際的考慮所致❷。

　　澶淵盟後，宋、遼通好爲鄰約一百二十年，直至女眞之金國興起，相繼滅遼、宋（北宋）。二國通好時皆慶弔往來，交聘不絕❸，可謂百年和約的達成。後來仁宗時復有「增幣交涉」，以及神宗時之「割地交涉」等事件，這兩次交涉宋朝在錢財、土地上分別有些許損失❹。不過就當時大局來看，宋朝頗能掌握實際的形勢；旣不能也不願以兵戎相見來解決糾紛，而且還牽連到西夏的問題，因此這是宋、遼、夏三者間的關係，以外交手腕消除彼此間的緊張關係，宋朝是盡了相當大的努力❺。

　　西夏是党項族所建立的政權，源於唐末節度使的地方勢力。當宋眞宗時期，由李德明建立爲國，但稱臣於宋、遼，此時西夏是倚於兩大之間繼續發展，逐漸由陝西、寧夏一帶而控制了河西

---

❷　關於澶淵之盟的訂定背景、經過等，可參見蔣復璁〈宋遼澶淵之盟的研究〉，收在《宋史新探》，頁 100-150；陶晉生〈宋遼間的平等外交關係：澶淵盟約的締訂及其影響〉（《宋遼關係史研究》頁15-42）。

❸　參見聶崇岐〈宋遼交聘考〉，收在《宋史叢考》下冊，頁284-375。

❹　參見馮琦《宋史紀事本末》，卷21，〈契丹盟好〉，頁119-126。

❺　參見陶晉生〈北宋慶曆改革前後的外交政策〉（《宋遼關係史研究》頁59-96）。

走廊，切斷了宋朝對西北的連絡。宋仁宗寶元元年（1038），李德明之子元昊稱帝於興慶府（寧夏銀川），宋、夏間的戰事就連綿不絕了。宋對西夏的戰爭以失利爲多，直到慶曆二年（1042）後，韓琦、范仲淹改變戰略才迫使西夏尋求和談。韓、范的戰略就是對西夏採持久戰，固邊守土爲主，近攻破敵爲輔，致西夏旣不能得志，復窮於應戰。宋、夏長期的戰爭，不但斷絕兩國間原有的貿易，也損耗雙方的國力，西夏基礎不比宋朝，當戰事未有進展時，求和似是最好的解決辦法了。

宋神宗時又爆發了對夏的戰爭，慶曆四年（1044）的議和，是以宋歲賜銀、絹、茶等二十五萬五千來維持，但邊境的掠奪及衝突仍然不斷，軍事上宋朝較處於被動的地位，所以後來有王安石主政時的西征之師。神宗熙寧時期宋對夏的戰事獲勝，拓地千餘里，對夏的威脅頗大；但後來元豐時期，宋軍深入而戰敗，又遭西夏的反攻，損失頗重。在雙方都無力繼續作戰下去時，又恢復了以往和談時的情況，夏以稱臣來換取宋的歲幣；但邊境衝突仍時有所聞。正如史書所言：「雖嘗受封册于宋，宋亦稱有歲幣之賜，誓詔之答，要皆出於一時之言，其心未嘗有臣順之實也。」❻

遼、夏爲宋的北、西二敵，遼立國較早，對宋的威脅也較大，但到宋代中葉開始時，雙方停止了交戰狀態而成爲締約的鄰國。西夏盛於宋代中葉之初，不久卽議和稱臣，兩國間大規模的長期戰爭也告一段落。大體而言，宋代中期與強鄰的關係已有所轉變，卽以議和替代了戰爭，但也正因此，在那一時期的宋人，

---

❻　見《宋史》，卷486，〈夏國傳下〉，頁24。

無不感受到外患的長期壓力。

　　宋太宗淳化四年（993），四川有王小波、李順的民變發生，這是宋建國以來第一個大規模的社會動亂。王、李是以「均貧富」為號召[7]，而在起事前七年的社會上已經有「富者彌望之田，貧者無卓錐之地」[8]的現象，這說明了宋初社會上貧富懸殊的嚴重問題。四川的民變在當地雖然成立了政權，也建元「應運」，但不久即遭敉平；宋朝廷將責任委諸地方官的劣政，對社會貧富不均問題卻拿不出辦法。甚至在亂平後田盧荒廢，詔「有能占田而倍入租者，與之，於是腴田悉為豪右所占，流民至無所歸」[9]。

　　宋代社會問題不惟自宋所造成，宋前唐末五代時即已然；換言之，宋多承前代之弊而又無以改良所致，如稅役給一般農民的壓力非常沉重，富豪特權者以「詭名挾佃」來逃去賦稅[10]，造成「等第減于豪強，科役並于貧弱」的現象[11]，難怪在英宗治平年間（1061～1067）出現「賦租所不加者十居其七」的情形[12]，這不但使政府財政受到極大損失，也間接加重一般民間的負擔。尤其宋初役法沿五代之弊，苛嚴紛雜，致民「應役直至破盡家業方得休閒」[13]。故而當宋代中期以前，朝野有識之士無不關注役法

---

[7]　參見李攸《宋朝事實》，卷17，＜削平僭偽＞，頁273。

[8]　見李燾《續資治通鑑長編》，卷27，＜太宗雍熙三年・七月甲午條＞，頁17下。

[9]　見《宋史》，卷295，＜謝絳傳＞，頁12下。

[10]　參見馬端臨《文獻通考》，卷4，＜田賦四＞，頁56上。

[11]　見《宋會要輯稿》，＜刑法二之七七＞，頁6534上。

[12]　見《通考》，卷4，＜田賦四＞引治平會計錄，頁58上。

[13]　見《通考》，卷12，＜職役一＞，頁128上。此為群臣上言給初即位的仁宗，敘述當時役法造成之狀況。

之弊，思謀改革解救之道，但仍不能有徹底除弊之良方❶。

　　宋代役弊的原因不外乎特權作祟、各地民力不齊、州縣人少役繁、官吏貪贓枉法等❶，可知單就役法問題其牽連面之廣。總之，宋代農民生計頗為困苦，其所承受之壓力有來自官方租稅者，有上述的官役，又有私債之負擔❶，自可想見社會中占大多數人口之生計了。此種社會問題導致宋初民生頗為疾苦，到宋中葉開始時，乃有政治的改革運動展開，企圖有以救弊。范仲淹等之慶曆變法，及後來王安石等之熙寧變法，都以社會民生問題為新法之主要內容，其中亦牽連到政府的財經問題。

　　宋代財經到中葉時已有負荷不堪之虞，究其原因約略有幾：第一，如前面所述，國家賦役多在占大多數之農民身上，特權及富豪握有財勢反而脫漏賦役，國庫自然不足。第二，在於軍費上之消耗，包括對遼、夏用兵之戰費，養兵政策之耗費，尤以後者，基於國防上先天不足，為禦外敵，勢必養兵，養兵又有更戍法及優恤之費，並非單純發軍餉而已❶。宋初養兵至中葉時已擴至五、六倍的百餘萬大軍，兵費負擔日重，雖武力未振，在沒有其他良策之下，又不得不養龐大的軍隊❶，這就是造成所謂「冗

---

❶　參見拙作＜北宋中期以前役法的改革論＞，收在《宋遼金史論文稿》，頁139-155。

❶　參見聶崇岐＜宋役法述＞，收在《宋史叢考》上冊，頁16。

❶　參見李劍農《宋元明經濟史稿》，頁176-179。

❶　參見錢穆《中國歷代政治得失》，頁78-84。

❶　參見同❶。另見陳登原＜北宋武力所以不振＞，收在《國史舊聞》下冊，頁273-275。文中指出北宋武力不振，其因有四：一為命出多門，權非一貫；二為以文馭武，似狗捕鼠；三為用將不專，兵與將離；四為方面之官，各有處分。

兵」問題。第三，政府官員數額的膨脹，此爲宋初立國的基本政策所致，卽一般所謂重文輕武政策的延伸，爲了轉換五代以來武人政治成爲文治之局，於是放寬進士的出路，以及提高文官的待遇。至仁宗時官員二萬餘，英宗時二萬四千，爲宋初時二倍餘，吏員尙不在內，俸祿恩賞等自亦倍增⑲，造成所謂「冗吏」問題。第四，其他開銷益發加重財政負擔，如給遼、夏的歲幣，數額雖不爲多，但也成爲常年之開銷。又如郊祀、饗明堂、賞賚等等耗費，使政府財政支出增加。這些問題使得宋室仁、英宗時歲入無餘乃至不敷支出了。但宋之賦役十倍於漢，二稅收入七倍於唐，疆土民衆未過於漢、唐，可知其財政之困難與民生之貧弱⑳。

宋建國以來無論在國防、社會民生、財政各方面，都暴露出相當大的問題，可謂到了內憂外患之境地，有識之士也以議論獻策，思謀改革之道，終涵出了宋代中期的變法新政，以范仲淹爲主的慶曆變法就是將理論付諸行動的改革。爲掃除積弊，必有所更張。那一時期裡看出積弊問題者也人有人在，如眞宗時王禹偁上書五事：一爲謹邊防、通盟好；二爲減冗兵、併冗吏；三爲艱難選舉，使入官不濫；四爲沙汰僧尼，使疲民無耗；五爲親大臣、遠小人㉑。仁宗時韓琦所說除弊的八事是：選將帥、明按察、豐財利、遏僥倖、進能吏、退不才、謹入官、去冗食㉒。從這些項目看來都可說明宋代中期時的積弊何在，而與范仲淹主持

---

⑲　參見錢穆《國史大綱》下册，頁382-390。另見趙翼《廿二史劄記》，卷25，＜宋制祿之厚＞、＜宋冗官冗費＞等條，頁330-334。

⑳　參見同⑲。另見梁啓超《王荊公》，頁12。

㉑　參見《宋史》，卷293，＜王禹偁傳＞，頁9上-11下。

㉒　參見《宋史》，卷312，＜韓琦傳＞，頁3上。

慶曆變法的新政條目相似，也就是說當時士大夫間的確有著共識要改革除弊。

慶曆新政的項目有十，卽明黜陟、抑僥倖、精貢舉、擇官長、均公田、厚農桑、修武備、推恩信、重命令、減徭役等[23]。其中前五項都是在澄淸史治方面，在考績上力求賢與不肖之別，避免任子爲官的冗濫，科舉上要做到循名責實而求履行的考核，地方官員由保舉擇任之，對於地方官的廩給做到均等公平則可責以廉節。其他是在勸課興農以增加生產，農暇時訓練民兵，貫徹命令，對於法令推行避免再三變更，最爲困擾民生的徭役要省併而求均衡。這些新政中有一半是放在官員問題的改革上，自易引起官僚們因恐權益受損以及所帶來的壓力而反對，結果新政施行年餘卽告中止，朝廷也引起了不小的黨爭風波。

政治上有黨爭本爲自然，宋代黨爭並不始於慶曆新政，但黨爭最烈之時卻在宋代的中期。宋初太宗時趙普、盧多遜之爭已有小型黨爭的雛型，眞宗時寇準與王欽若等相爭，更具有朋黨爭權的類型。仁宗時的慶曆黨議、英宗時的濮議、神宗時的新舊黨爭等最爲波濤高澗而歷久不息，尤以新舊黨爭是伴隨北宋亡國而終。

北宋黨爭在國史中異常顯著，雖然漢、唐、明等朝代都有劇烈的黨爭或黨禍發生，但北宋黨爭有其獨特之時代背景。除去一般政治權力之爭奪外，還與宋初的政策及制定政策的基本精神有關，卽右文輕武與中央集權二者關係黨爭頗大，因右文而仕途熱門，因集權而人才多趨於中央[24]。也有因禮重文人，士大夫以高榮譽而加重其責任感，遂不免生處處以天下爲己任之心，但或有

---

[23]　參見《宋史》，卷314，〈范仲淹傳〉，頁7下-8下。

[24]　參見梁啓超前揭書，頁15。

下焉者，務爲高名，好苛論而不必切於事理，自易產生爭論，積
久則生隙，形成朋黨派系壁壘，其中尤以臺諫爲政潮推動之地
㉕。臺諫爲傳統監察機構，御史監察百官可爲帝王之耳目，諫官
糾舉帝王則成宰相之唇舌，是以臺諫有君、相調節功能。但宋初
卽將原屬宰相的諫院獨立出來，由皇帝親擢選用，致諫官亦成御
史來糾察宰相所領導的政府㉖。這種制度之改變是集權政策的產
物，而集權政策是宋初的國策，其基本精神就是強本弱末式的鞏
固中央政權㉗。

　　宋代文人政治的形成是建構在宋初重文的政策上，政治上黨
爭的風波自係文人爭權的現象，但黨爭之背後並不局限於政治利
益這一範圍，還有學術議論的性質。宋代中期以前學術的概貌可
以全祖望〈慶曆五先生書院記〉中所說來作一了解：

> 　　有宋真、仁二宗之際，儒林之草昧也。當時濂洛之徒方萌
> 芽而未出；而睢陽戚氏在宋，泰山孫氏在齊，安定胡氏在
> 吳，相與講明正學，自拔于塵俗之中。亦會值賢者在朝，
> 安陽韓忠獻公、高平范文正公、樂安歐陽文忠公，皆卓然
> 有見于道之大概。左提右挈，于是學校徧于四方，師儒之
> 道以立。㉘

這裡指出宋代學術的先驅人物，戚同文、孫復、胡瑗、韓琦、范

---

㉕　參見方豪《宋史》，頁118。
㉖　參見錢穆《中國歷代政治得失》，頁68-71。
㉗　參見蔣復璁前揭書，〈宋代一個國策的檢討〉，頁1-17。
㉘　見全祖望等《宋元學案》，卷3，〈高平學案〉，頁2下。

仲淹、歐陽修等人，而所謂濂洛理學家們都正在讀書求學階段。
前者三人是在野講學，後者三人除本身學術外，又在朝爲官，有
功於興學。 全祖望又說：「宋世學術之盛， 安定、 泰山爲之先
河；程、朱二先生皆以爲然。」㉙ 可知宋代學術之源爲孫、胡二
人。黃宗羲說：「宋興八十年， 安定胡先生、 泰山孫先生、徂徠
石先生，始以師道明正學，繼而濂洛興矣！」㉚ 是以石介與孫、
胡二先生同具開闢之功，並啓理學之興。

宋學之興起已有諸多之探討，大約不外朝廷尚文之作用、儒
學自身之變化、佛道二家之影響、 詞賦取士之反動、 西教之東
漸、書院之影響等等㉛，凡此因素造成有宋一代學術。但初期宋
學已有值得重視之特徵，其一爲重振師道；其二爲從人生實際來
講經學之微言大義，不偏於章句訓詁；其三爲提倡道統觀；其四
爲完養心性之理論與工夫㉜。大體上宋初學術重在明體達用， 故
道德文章與氣節政事皆爲講明學術之旨。 起初當以胡瑗講學立
「經義」、「治事」二齋，而後於慶曆時成爲太學之講學法㉝，這
也是宋代士人講究經世致用風氣在宋初的例子。

王安石在宋初學術風氣薰染之中出生， 但在他的時期已進入
宋代的中葉，「繼而濂洛興矣」的時代正在萌芽。周敦頤、張載
也與安石同時出現，此時學術已與初期宋學不同，儒家心性之學
及佛老思想的融入，正展開新的面貌與內容。

---

㉙　見同㉘，卷1，＜安定學案＞，頁1上。
㉚　見同㉘，卷2，＜泰山學案＞，頁2上，黃百家案語。
㉛　參見陳鐘凡《兩宋思想述評》，頁8-17； 夏君虞《宋學概要》，
　　頁49-55。
㉜　參見錢穆＜初期宋學＞（《中國學術思想史論叢》㈣，頁1-4）。
㉝　參見同㉙，頁2上。

## 二、王安石的生平與著作

在宋代著名的人物大多留有當時的傳記資料，如行狀、墓誌、神道碑銘等，但安石卻無此類資料，這頗令人怪疑，大約是政治上的糾紛所致。其次，宋人杜大珪在《名臣碑傳琬琰集》中有安石的傳記，與今本《宋史》本傳都有不實之處[34]。近代以來關於安石的傳記頗多，其中較早且較著者爲蔡元鳳（上翔）的《王荆公年譜考略》一書；現根據蔡氏之書及《宋史》、《續資治通鑑長編》，及近人著作等略敍安石的生平[35]。

安石是撫州臨川（江西臨川縣）人，出生在臨江軍（治所爲江西清江縣），當時其父益（字損之）正爲該地的判官。王益爲眞宗大中祥符八年（1015）進士，曾任四川新繁縣官，在任上興修學校、禮敬師儒，是個盡責的地方官員；也與傳統的士大夫一樣，常有詩賦唱和等。他的一生未曾出什過高官，都在中、下階層任職，因此較有機會在各地爲官，家人也隨之同行。安石在少年時期隨著家人到過不少地方，從粤江流域、長江流域、到黃河流域，都有一些地方爲安石生活之所，這對一個少年讀書人而言，的確增長不少閱歷。他比范仲淹少年時的生活及閱歷要強些，但這二人在北宋的政治史上都以行新政改革而著名於世。

---

[34]　參見杜大珪《名臣碑傳琬琰集》，第七册，下卷十四，頁1-9。

[35]　蔡上翔《王荆公年譜考略》。該書附楊希閔〈年譜推論〉、〈熙豐知遇錄〉等；《宋史》，卷327。另參考林瑞瀚〈宋史王安石傳註〉，載《大陸雜誌》，卷27，1-5期；梁啓超前揭書；鄧廣銘《王安石》。又出於《宋史》本傳者不另加注。

　　安石少年時期的生活如同一般仕宦子弟，不免意氣風發而吟弄光景，大約到了十七、八歲左右，他才表露出立志向學之心；從他的〈憶昨詩示諸外弟〉㊱中，很可以看出這一段過程。他說：「此時少壯自負恃，意氣與日爭光輝。乘閑弄筆戲春色，脫略不省旁人譏。坐欲持此博軒冕，肯言孔孟猶寒飢？」隨著父親為江寧府（南京）通判那年，他十七歲時，「端居感慨忽自寫，青天閃爍無停暉，男兒少壯不樹立，挾此窮老將安歸？」這樣的覺悟使他奮發起來，「材疏命賤不自揣，欲與稷契遐相希」，如此的期許，不得不說他有志要擺脫過去少年士子恃才吟弄的氣息了。

　　安石十八歲那年，他的父親以四十六歲之壽死在江寧通判任上，〈憶昨詩〉中說：「母兄呱呱泣相守，三年厭食鍾山薇。」守喪三年後，到慶曆二年(1042)，安石以二十二歲之年擢進士第，同年任簽書淮南判官，作為地方官府的幕僚，曾在北宋名臣韓琦的幕下。慶曆七年，安石調知鄞縣（浙江鄞縣），他放棄了求試館職的機會，作為一個地方的基層主官。他在知縣任內的政績頗佳，「起堤堰，決陂塘，為水陸之利。貸穀與民，立息以償，俾新陳相易。邑人便之」（《宋史》本傳）。安石有〈上杜學士言開河書〉㊲及〈鄞縣經遊記〉㊳二文；說明了他到鄉村的考察，與修水利的觀點與方法等。此外，他還在縣門外刻頒善救方，以示

---

㊱　見《王安石全集》，卷14，下册，頁82。此全集上册收文集，下册收詩集及《周官新義》、《考工記解》等。以下全部省稱《文集》或《詩集》。
㊲　見《文集》，卷31，頁32。
㊳　見《文集》，卷27，頁164。

「不忍人之政」，推行保伍法，興廟學以教育子弟，並聘名儒慈谿杜醇主持縣學等❸。這些措施不但可說明安石年輕爲官時之盡責有爲，而且與他後來執政變法之主張有密切的關聯；如其新法中之農田水利法、青苗法、保甲法、興學等，都可以看到思想上的一貫，與實踐的雛型。

安石知縣任滿後，調爲舒州（安徽懷寧縣）通判，職掌是副貳知州以掌一州之政，有「監州」的權責，當時是皇祐三年（1051），已有十年的仕宦經歷，他的名氣也漸張大，當時宰相文彥博「薦安石恬退，乞不次進用，以激奔競之風」（《宋史》本傳），那是因安石不同於一般官僚而得到的公論。不過他未受召去試館職也另有原因，即是「家貧口眾」，「實於私計有妨」❹，看來清廉盡責的基層官員，是不易擔負人口眾多的家計。歐陽修也曾推薦安石出任諫官，安石也以家計問題而力辭。不久，他出任中央的群牧司判官之職；這個國家馬政機構的經歷，也對後來他行新法的養馬法奠下了基礎的認識。

從至和元年（1054）的群牧司判官，到嘉祐元年（1056）的提點開封府界諸縣鎮公事，安石都在京城任官，嘉祐二年出知常州（江蘇武進縣）。將近一年的任內，安石施政的重點一如往昔，著重於民生經濟的興利措施，計畫開掘運河，由於未受到上級轉運使的支持，以及淫雨不止，民役苦病，而終告停止，但他仍以爲「方今萬事所以難合而易壞，常以諸賢無意耳」❹，這是直指

---

❸ 參見程光裕〈王安石知鄞時之治績與佛緣〉，載於《紀念司馬光與王安石逝世九百周年學術研討會論文集》，頁141-166。

❹ 見《王安石文集》，卷2，〈乞免就試狀〉，頁15。

❹ 見《文集》，卷30，〈與劉原文書〉，頁24。

士大夫的風氣之弊，也就是官僚中占多數的因循之風，這對有理
念而重實踐的安石而言，自是不同的類型㊷。

　　嘉祐三年（1058）初，安石調任提點江東刑獄，這是江南東
路最高司法監察官；他在任內的大事就是建議罷除了榷茶法。安
石有〈議茶法〉、〈酬王詹叔奉使江東訪茶利害〉二篇㊸，一文
一詩都說明了他對當時榷茶之弊的看法，他引用揚雄所說：「爲
人父而榷其子，縱利，如子何？」說明國家政令宜以民利爲重。
以往之榷茶法旣不能絕私販私市之弊，且官茶粗惡，利亦不多，
徒增獄訟，不如取消官茶專賣之利，改由商營抽稅之法。於是罷
榷茶。不久，安石召入中央爲三司度支判官。三司指鹽鐵、度
支、戶部，號稱「計省」，專掌國家生計，其中度支司負責全國
財賦之出入。安石入中央任官後，卽提出了被梁啓超稱爲「秦漢
以後第一大文」㊹的〈上仁宗皇帝言事書〉。

　　〈言事書〉指出大宋帝國已面臨財力日困、風俗日壞之局，
究其原因在不知法度與不合先王之政。所謂先王之道卽孔孟之仁
政，要法其意而改易更革，所謂不知法度也卽指此。欲行先王之
道在於人才，於是有教之、養之、取之、任之這四方面的辦法，
其內容論述非常詳盡。在「教」的方面，要文、武並習，並且放
棄課試文章等無用之學。在「養」的方面，要饒之以財，約之以
禮，裁之以法，使士大夫有足夠的待遇以養廉，但需以禮來約
束，進一步則以法來處置不循禮之人。在「取」的方面，以鄉

㊷　參見劉子健〈王安石、曾布與北宋晚期官僚的類型〉，收在《南宋
　　史研究彙編》，頁117-142。
㊸　參見《文集》，卷7，頁64；《詩集》，卷5，頁26。
㊹　見梁啓超前揭書，頁53。

黨、學校推舉人才給政府，然後考其才德而分別任官，以此取代科舉制度，並停止恩蔭入仕之途。在「任」的方面，與「取」的方面相互關聯，要以才德不同來任官，並且不得以資歷爲標準，這是任之專的原則；再次，卽任之久，要久於所任之職並以考績量核，旣可盡其才，又可察知勝任與否之情；否則朝至暮遷，徒爲作官而已。

〈言事書〉的重點在於指陳政治之弊端，以及改革的基本方向，卽吏治與人才的問題。這些在後來熙寧變法時都有部分的實施，但也有些變革無法全面看到，如科舉制度仍然維持，但只在科目上與內容上作些改變。熙寧變法中關於財經方面的新法頗多，在這次上仁宗書裡沒有多少討論，不過卻提出了理財的原則：「因天下之力以生天下之財，取天下之財以供天下之費」，這在後來新法中的確看到此一原則的精神。

安石入中央爲官後，歷任直集賢院、同修起居注、知制誥。嘉祐八年（1063）仁宗崩，英宗卽位；安石母吳氏卒，因之辭官，往江寧（南京）守喪。英宗在位四年間，安石皆未應召出仕，而在居地講學。

當〈言事書〉奏上後，並未受到仁宗的重視，但以安石爲學士之才，於是屢召爲館閣之職；在屢辭屢召之下，安石始受命集賢院等職。當時他頗負盛名，「士大夫謂其無意於世，恨不識其面；朝廷每欲俾以美官，惟患其不就也」（《宋史》本傳）。大約安石意不在此，乃欲有所爲於天下，奈何仁宗皇帝僅以文學侍從待之。江寧守喪期滿後，安石在當地講學，陸佃、龔原、李定、侯叔獻、蔡卞等人皆從之受學❹，這些就是後來荆公「新學」學

---

❹　參見鄧廣銘前揭書，頁28。

派的主要成員。

　　治平四年（1067）英宗崩，神宗即位，以安石爲江寧知府，數月後召入中央爲翰林學士兼侍講。次年爲熙寧元年，神宗召安石對談。又次年，拜安石爲參知政事，變法新政於焉開始。當神宗初召安石問以治道時說：「爲治所先？」安石對曰：「擇術爲先。」（《宋史》本傳）神宗舉出唐太宗之治，而安石以爲當法堯舜，且說堯舜之道簡要而不煩迂，只是後世學者以爲堯舜之道高不可及耳！這可以看出安石是非常有理想性之人。他曾當神宗之面指出「陛下擇術未明，推誠未至」，則無人可以助治，同時易受小人矇蔽；若立志作堯舜，必然會有賢臣如皋、夔等爲輔，則君臣可同濟此道。當安石開示神宗後，在出任參知政事時就提出了「變風俗、立法度」爲方今急務。於是與陳升之創置三司條例司，議行新法。隨之，派遣諸使往各路調查農田、水利、賦役等，作爲擬訂新法的基礎。

　　熙寧變法所施行的新政頗多，通常說到歷代的政治史時都不免加之敍述，而專論新法之著作亦在，於此僅作綱要列出而不再多論。大體上熙寧新法的內容有幾個方面，茲舉大要如下：

(一)關於財經方面：

　　1.農田水利法。由政府出錢，人民出力，合辦地方調查所需之水利設施，即開水灌田之法。

　　2.青苗法。農民向政府貸款以利於播種，秋收後加薄息償還，可免農民向地主高利貸款。

　　3.均輸法。設於富庶的東南六路，就地儲收租賦與經濟產值，可調節物價，便於轉輸，省勞寬民。

　　4.免役法。由免役各戶繳免役或助役錢，政府統籌運用，代

　　募力役服役，俾役法公平合理。又稱募役法。

5.市易法。由政府出錢在中央及地方設市易務，以賤買貴賣
　方式平衡物價，並有小額貸款給農、工、商人。

6.方田法。每年秋收後，由縣府丈量田地，依地形貧腴分等
　級來定稅則，並公告登記，以整頓田籍與稅。

(二)關於國防軍事方面：

1.保甲法。以十家爲保，五保爲一大保，十大保爲一都保，
　各置保長，督領保丁暇時習武，平日巡警、捕盜；而後習
　戰技、上番，預爲徵兵之備。

2.保馬法。政府出馬交民養育，結保、社共負其責，訂有賠
　償及獎勵之法；多行之於邊區各路，以儲戰馬而能省費。

3.置將法。於諸路置「將」爲單位，領兵練兵，可革更戍之
　弊，節省軍費，復可強化兵將之配合武力。

4.軍器監法。總領內外軍器之製造，俾兵器精純。

(三)關於人才教育方面：

1.太學三舍法。太學分外、內、上三舍，學士經考核品學後
　依次轉升；畢業成績上等者可授官，中等者可逕赴殿試，
　下等者可參加省試。其學以《三經新義》爲主，欲培養經
　世致用之人才，而後可取代科擧之制。

2.改科擧。學校未取代科擧前先行改進，以取消詩賦而試以
　經義策論爲主。

安石新法內容概如上述，其他又有專科學校如武學、律學、醫學
等設立，以廣開教育之途。裁汰老弱廂軍，以不堪爲禁軍之兵轉
充廂軍，務在兵精汰冗之效。

　　熙寧元年時，安石上神宗〈本朝百年無事札〉，指陳多種積

弊，其中的重點指出「雖儉約而民不富，雖懷勤而國不強」的形
勢❹，亦就是欲求富、求強，以改變此前之積貧、積弱。「富國
強兵」可說是安石變法改革的總目標，實則是當時士大夫的共
識，爲宋初以來知識分子對那個時代在政治上的共同精神。范仲
淹與王安石都前後在實踐上領導了此一精神，其背後的動力正是
士大夫的一種自覺意識，在思想上正是「宋學」的學風。簡言
之，「經世致用」爲「宋學」的學風，對社會環境、時局的關懷
與投入，知識分子原本即持之爲傳統，經過唐末、五代以來的喪
亂，宋代又復重振此一傳統，正標示著傳統復興之契機，而此種
復興係承舊求新，不是因循沿舊。安石在新的學風中特別突出，
「慨然有矯世變俗之志」（《宋史》本傳），尤其對「經世致用」
精神更加發揚，也是他思想上的特色❹。

　　新法的理想落實到政治實際上，不免會產生許多問題；攻之
者謂與民爭利、給民勞擾等，又易落入聚斂之臣的口實。安石本
人亦頗拗直，執著於理想之實現，失去人和；失人和則政不易
通，當朝臣紛紛求去時，惟有啓用新人，於是有「新黨」的產
生，與反變法者形成了對立。如此因新法的施行，一時天下騷
然；新舊法的改易，意見之不同、政治權利之衝突，遂引起了黨
爭。

　　熙寧七年（1074），安石在政治糾紛中辭去相職。他在熙寧
四年時拜中書平章的宰相之位，終因朝臣交相詰難而暫時去職；
但推行新法的呂惠卿、韓絳仍在位掌權，因之新政仍得以繼續實
施。次年，安石復出拜相，但新法的陣營中也有了權力的衝突，

---

❹　見《文集》，卷3，頁34。
❹　見夏長樸《李覯與王安石研究》，頁151-174。

據《宋史》所載，是呂惠卿有爭權的企圖，因與安石之間產生嫌隙。惠卿為安石極力援引之人，二人論經義頗為相合，也是新政集團中最為安石倚重之要角。嫌隙的產生對安石而言應是重大的挫折，加上不久安石之子雱的去世，這雙重的打擊恐怕是安石復相而次年即辭職的原因。

熙寧九年，安石還江寧，居於鍾山不復出，似乎迴避世事而潛心於學問之中，他有名的《字說》就是在這段隱居時期所作。元豐八年（1085），神宗崩，哲宗即位，太皇太后高氏臨朝，起用司馬光，不久盡廢新法。次年，安石逝於鍾山居所，享年六十六，正是「當時諸葛成何事，只合終身作臥龍」 ❹。

安石的學術活動伴隨他的一生，其博學深思復有見解，屢有新義可觀。大體上學術的發表與新學的形成可分成前後二期，從〈淮南雜說〉、〈洪範傳〉等著作發表，到英宗治平年間江寧講學時期，此為前期，當四十七歲以前。從熙寧執政，實施變法新政，設局修撰新經義，到罷相退隱，與《字說》的完成，此為後期 ❹。

安石的著作多已散失，今可知者有二十九種，其目如下：《易解》二十卷、《洪範傳》一卷、《新經詩義》三十卷、《新經周禮義》二十二卷、《左氏解》一卷、《論語解》十卷、《孝經解》一卷、《字說》二十四卷、《熙寧奏對》七十八卷、《王氏日錄》八十卷、《南郊式》一百十卷、《三司令式》若干卷、《熙寧詳定編敕》二十五卷、《新編續降並敕法條貫》一卷、

---

❹　見江少虞《宋朝事實類苑》，卷35，頁449，王安石詩。

❹　參見楊渭生〈王安石新學簡論〉，收在《中日宋史研討會中方論文選編》，頁348。

《王氏雜說》十卷、《英宗實錄》三十卷、《老子注》二卷、《楞嚴經疏解》若干卷、《臨川集》一百卷、《建康酬唱詩》一卷、《王荊文公詩李璧箋註》五十卷、《伴送北朝人使詩》一卷、《送朱壽昌詩》三卷、《先大夫集》若干卷、《唐百家詩選》二十卷、《四家詩選》十卷，又有與其子雱、弟子許允成合著《孟子解》四十二卷、《老杜詩後集》若干卷、《考工記解》二卷❺⓪。今可見者有《洪範傳》、《新經周禮義》、《臨川集》、《王荊文公詩李璧箋註》、《唐百家詩選》等五種，又《老子注》雖佚，但有輯本，不知是否完全。《伴送北朝人使詩》在今本《臨川集》中存有多首。

---

❺⓪　參見于大成〈王安石著述考〉（《國立中央圖書館館刊》新一卷3期）；楊泰懋《王安石的新政》，頁4－8。

# 第二章　王安石對先秦諸子的
## 　　　　評價及其當代哲學思潮

　　王安石博學多聞，自先秦以至於其當代，於書幾乎無所不讀，讀而能思考以成己意，這是安石學問有所得的重要原因。博學遠自先秦諸子，大體上是歷代讀書的傳統，不過差異在於能否有所得。若熟知經史，只是做學問之基礎，無所得則不能成學，終至流於爲人之學。

　　安石曾注解過《易》、《論語》、《孟子》、《老子》等秦漢前之作，於《禮》、《詩》、《書》義多所發明，《文集》中有若干篇章專論先秦諸子，就此可知他對早期經典百家都頗多心得。在哲學思想上，若透過安石對先秦諸子之評價，當可先掌握他本人的思想大要，也可窺見他思想發展的淵源和關係。

## 一、對於孔孟儒學的評價

　　儘管王安石是他那個時代的改革先驅，他的「新學」體系是一個兼容並蓄各家之說的思想體系，但在基本上仍屬於儒學系統。從他的學說總體來看，在許多重大問題上，他仍是以儒家爲宗，以孔孟爲師的；當然對於這兩位先聖的某些觀點，他也持著異同看法。在安石眼中，孔子是賢於堯舜、集諸聖人之大成的

人，而孔子傳世的《論語》又基本上是一論述政治、人生、道德、人倫的著作，對於哲學基本的問題往往沒有系統性的回答。因而安石便將他作爲理想中的師祖，再加之發揮，他在討論許多重要問題時，總要引用孔子的話語作爲依據。如討論「禮」的問題時，他引孔子的「麻冕，禮也，今也純，儉，吾從眾」❶。討論仁智問題時，他引孔子的「仁者靜，智者動」，「仁者樂山，智者樂水」❷。討論勇惠問題時，他引孔子的「由也好勇過我，無所取材」❸等等。而對於在各方面發揚了孔子之說的孟子，安石更將他作爲人世中所追求的榜樣去效法。雖然對於孟子的性善說，他不敢完全同意，但他卻以「他日若能窺孟子」爲自己的人生目標，始終把孟子看成孔子之後的最偉大的儒者，他誦頌孟子的詩也說明了這一點。王安石之所以這樣推崇孔孟，不只是因爲儒學在當時是正統的官方之學，根本上還是由於孔孟所提倡的「仁政」和孟子所堅持的反對土地兼併的「井田制」思想，都是安石認爲宋代當朝君主所最應採取的政治手段。

　　《洪範傳》是王安石最重要的哲學著作，其中以「五行」思想爲材料，通過他特有的解釋，提出了一種以五行爲中心觀念的世界圖式，用來說明宇宙萬物的形成和變化。其中雖然未對孔、孟直接評價，但可以看出，他既成地認爲，他所闡述的思想即是儒家哲學思想的發展和深化。從而爲了澄清儒家的哲學觀點，尤其是在「天道」問題上的看法，他對於漢儒董仲舒、劉向等人的

---

❶　見《王安石全集》，《文集》，卷42，＜非禮之禮＞，頁133，並指孔子爲「禮之權」，謂權變之意。

❷　見《文集》，卷42，＜仁智＞，頁136。

❸　見同❷，＜勇惠＞，頁135。

「天人感應論」進行了批判。在安石看來「天之爲物也，可謂無作好，無作惡，無偏無常，無反無側」❹，「天不因人而成」，從而否定了董氏和劉氏的「天人感應論」的目的論的主觀觀念。

　　王安石直接評論孔孟之說敍述最多的是關於人性問題，從他「性無善惡」、「以生爲性」的觀點出發，安石既不贊成「性惡論」，也不同意性的「善惡二元論」，同時對於孟子主張的「性善論」也給予了批評。在〈原性〉中他指出：

　　　　孟子以惻隱之心人皆有之，因以謂人之性無不仁。就所謂
　　　　性者如其說，必也怨毒忿戾之心皆無之，然後可以言人之
　　　　性無不善，而人果皆無之乎？❺

在他看來，如果人性都像孟子說的那樣是善的，就不該有那種「怨毒忿戾之心」，但事實上並非如此。孟子自己是有惻隱之心之人，所以認爲人心皆如此是不對的。而且在安石看來，人性之所以無善惡可言，是因爲無論「善」的惻隱之心，還是「惡」的怨毒之心，都是「有感於外」而後天生成的，並非與生俱來的。他進一步論述了，實際上無論孟子、荀子，還是揚雄、韓愈，他們在人性的問題，只是討論的「情」的問題，而非「性」的問題。他一再說：「孔子曰：『性相近也，習相遠也。』吾之言如此。」最終說明了他的觀點仍然是與孔聖人相同的。而且，他對孔子所謂「上智與下愚不移」的觀點，也堅信不疑，並對它進行解釋，之所以如此，是因爲在他看來，之所以稱某些人爲上智

---

❹　見《文集》，卷40，《洪範傳》，頁112。
❺　見《文集》，卷43，頁145。

者, 是因為他們平時只習於善; 而那些終日習於惡之人當然便是下愚者, 至於一些時而習善時而習惡之人, 只能稱為中人。他的解釋實際上是一種偸換論題, 以果為因的解釋。但無論怎樣, 這種解釋旣闡發了他的人性無善惡之德, 只是在後天的「習」之中才出現了善惡之分的觀點, 同時又圓了孔子之說。

## 二、關於老莊及楊墨

首先, 安石對於老莊出世的人生態度和「無為之治」的政治觀點, 顯然是不贊同的。 因為這根本地與他所代表的儒家那種「兼濟天下」的入世精神, 和他盡士大夫之責而要改革朝政弊端的政治抱負是南轅北轍的。但對於老莊的哲學觀, 安石卻持謹慎的分析態度, 並未一概予以否定。

### I. 關於老莊之宇宙觀

老莊道家認為宇宙的最高本體是「道」, 道無形無象, 無聲無味, 無體無狀, 但卻是造生萬物的本源, 而且其生成萬物的方式也是自然而非有意而為之。對於老莊的這種玄妙之說, 安石顯然有不同看法, 他雖然也承認世界的本源是個可稱為「太極」的東西, 又有五行從太極中而生, 但在他看來, 天地間是實實在在地由五行組成, 而化生萬物的。在他看來:

> 道有本有末, 本者, 萬物之所以生也; 末者, 萬物之所以成也。本者, 出之自然, 故不假乎人之力而萬物以生也; 末者, 涉乎形器, 故待人力而後萬物以成也……。❻

---

❻ 見《文集》, 卷43, <老子>, 頁142。

因而，他批評老子的「無爲」之說：

> 老子者，獨不然，以爲涉乎形器者皆不足言也，不足爲
> 也，故抵去禮樂刑政而唯道之稱焉。❼

實際上，這還是以儒家思想爲基礎對於老子哲學的批評。不過安石在這裡是把政治觀念與學術觀點混爲一談，當然二者有時的確也是密切聯繫的，老莊「無爲之治」的政治之說本身也同他道以「無」爲本的哲學觀是一致的。進一步，安石對於老子「貴無」、「貴柔」的觀點均提出不同的看法。老子講以無爲本，說：「三十輻共一轂，當其無，有車之用。」講了有無相生之理，但以「無爲」爲本的思想很明顯，安石反對這種觀點，認爲「工之琢削未嘗及於無者」，「今之治車者知治其轂輻，而未嘗及於無也，然而車以成車，蓋轂輻具，則無必爲用矣」❽。這之後，他最終仍然回到了其主張「經世致用」的觀點：

> 今知無之爲車用，無之爲天下用，然不知所以爲用也。故
> 無之所以爲用者，以轂輻也；無之所以爲天下用者，以有
> 禮樂刑政也。如其廢轂輻於車，廢禮樂刑政於天下，不望
> 求其無之爲用也，則亦近於愚矣。❾

在討論五行的變化之時，他再次對於老子的「貴柔」之說提出批

---

❼　見同❻。
❽　見同❻。
❾　見同❻，頁143。

評，安石以爲事物的變化因五行之性質有五種，即水施、火化、木生、金成、土和，施、生是以柔之法，化、成則是本於剛，他還同時強調了「革」的重要性，批判老子卻把柔弱看成事物發展理想境地或最終歸宿的觀點，指出：「奈何終於撓弱，而欲以收成物之功哉？」❿王安石的《老子注》是他最重要的哲學著作之一，雖已佚失不少，但從保存下來的片斷中，我們仍可以看出，儘管他對老子之說從儒家立場持保留態度，但實際上他的不少觀點也是源於《老子》的。安石曾提出「道法自然」之思想，這顯然是借用了老子關於自然界是按一定規律運動變化的辯證觀點。尤其到了晚年，安石雄心勃勃地改革最終失敗，他也開始漸漸地心向佛老，著於此時的《老子注》，其中許多觀點顯然已與原來的思想有某種的變化了。

對於莊子，王安石採取分析的態度來探討。他先對儒家和道家對莊子之說各持一端的看法進行了評論，認爲他們各有其理，也各有不足：

> 夫儒者之言善也，然未嘗求莊子之意也；好莊子之言者固知讀莊子之書也，然亦未嘗求莊子之意也。⓫

對於莊子本人，安石倒是十分尊重的，他知道「莊子非不知聖人者」⓬，「非不大達於仁義禮樂之意」，而且「莊生之書，其通性

---

❿　見同❹，頁109。

⓫　見《文集》，卷43，〈莊周上〉，頁143。

⓬　見同⓫。

命之分，而不以死生禍福累其心，此其近聖人也」⑬，同時，他認爲「老、莊雖不及神仙，而其說亦不皆合於經，蓋有志於道者」⑭，安石認爲莊子對於儒家的觀點相當清楚，但因爲當時的時代乃是：

> 天下之俗，謫詐大作，質樸並散，雖世之學士大夫，未有知貴己賤物之道者。於是棄絕禮義之緒，奪攘乎利害之際，趨利而不以爲辱，殞身而不以爲怨，漸漬陷溺，以至乎不可救已。⑮

而莊子不滿於這種現象，想要矯天下之弊而歸之於正，但卻認爲儒家之法、仁義禮樂皆不足以正之，而他自己又無能爲力，所以只好同是非、齊彼我、一利害，求得一個心理上的平衡。王安石認爲壯子學說的病根就在這裡。壯子明知「耳目鼻口，皆有所明，不能相通，獨百家眾技，皆有所長，時有所用」⑯，但卻有意將天下之弊存乎聖人之道，這便是安石對莊子學說的總體看法。但安石對有些人認爲莊子非堯、舜、孔子的觀點提出不同看法，認爲莊子並非眞正有此意，乃是有所寓而言。

## II. 關於老莊之人性問題

關於人性問題是王安石哲學中討論較多的部分，他不僅討論了性之善惡、性與形、性與情等問題，而且對性與命、性與禮樂

---

⑬　見《文集》，卷33，〈答陳柅書〉，頁55。

⑭　見同⑬。

⑮　見同⑪。

⑯　見同⑪。

等問題也有涉獵。在安石認爲人的性與情是體與用之關係，「性者，情之本；　情者，性之用，　故曰性情一也」⑰，指出了喜、怒、哀、樂、好、惡、欲本是人的自然性情，它們存於心便是性，發於外便是情，正因爲如此，他在一定程度上肯定了人的情感和慾望的合理性。然而他畢竟仍然認爲人的情性不應超出傳統的倫理綱常，還應符合正常的道德規範，所以他對於莊子那樣妻死鼓盆而歌的做法很不以爲然，他說：

　　昔莊周喪其妻，鼓盆而歌；東門吳喪其子，比於未有，此棄人齊物之道，吾儒之罪人也。⑱

可以看出，安石雖然也欣賞莊子在生死問題上的超脫態度，但卻不能容忍他背於儒家之禮的過分做法。

### III. 關於楊墨之學

　　對於楊子和墨子，王安石的態度從他的一句話中就可以看出來。他說：「楊墨之道，　得聖人之一而廢其百者是也。」⑲儘管楊子和墨子的學說相差甚遠，一個是「利天下拔一毛而不爲也」，一個是「摩頂放踵以利天下」，　但安石卻對他們一視同仁，因爲他認爲二人雖然一個失之不義，一個失之不仁，但是「二子之失於仁義而不見天地之全，則同矣」⑳，這是相當否定的態度，他進一步分析，　認爲楊子的爲己之說近於儒，　而墨子之說卻遠於

---

⑰　見《文集》，卷42，＜性情＞，頁134。
⑱　見《文集》，卷43，＜季子＞，頁140。
⑲　見《文集》，卷43，＜楊墨＞，頁141。
⑳　見同⑲。

道，他說：

> 楊子之道雖不足以爲人，固知爲己矣。墨子之志，雖在於
> 爲人，吾知其不能也，鳴呼！楊子知爲己之爲勞，而不能
> 達於大禹之道也，則亦可謂惑矣！墨子者，廢人物親疏之
> 別，方以天下爲己任，是其所欲以利人者，適所以爲天下
> 害患也，豈不過甚哉？故楊子近於儒，而墨子遠於道，其
> 異於聖人則同，而其得罪則宜有間也。❷①

安石從他儒家的實用主義觀點出發，認爲楊子雖沒有大禹的高尚
之德，但起碼還有感情，知道爲己，以守己爲本。而墨子在他看
來似乎是滅絕七情六欲，遠離道德人倫的，好像是爲天下，但只
是提出些口號，實際上不僅於天下不利，而且這種做法只能使天
下人都成爲忘卻親情倫理的不仁之人，所以不是對天下反而有害
嗎？可知，在儒家的仁與義的問題上，安石特別重視的還是仁，
而仁是包含了整個傳統倫理綱常的內容的，寧可失之不義，也不
能失之不仁。

　　安石引楊子：「自愛，仁之至也」加以說明❷②，他以爲能懂
得自愛之道，就可以推而知愛人，所以是「仁之至也」，並非是
說不能愛人而僅能愛己。在安石看來，眞正能愛己者，沒有不能
愛人之理，故而楊子的爲己之學，是從己身做起，從己身中去尋
求道理而從己身去實踐，因此說爲己之學是學者之本。

　　安石說楊子近於儒，在於其能知己、自愛，可謂爲己之學，

　　❷①　見同❶⑲，頁142。
　　❷②　見《文集》，卷43，＜荀卿＞，頁141。

由這裡出發能推己及人，是由本而末。至於墨子是出發點偏差，還未做好己身的準備，就有志於天下，有本末倒置之失，雖然其志在於爲人，但終不可能爲人。這種批評也顯示出安石注重由己身出發，從而推以及人，兼善天下；不喜虛好高論，華而不實的空言，這裡也有某種方法論的問題。

## 三、安石當代之哲學思潮

在前章中對安石的時代環境已有概略地說明。學術上正是萌芽的「宋學」初期階段，胡瑗、孫復、范仲淹等開創人物，在講學、興學等方面，無不以締造新學風爲己任；范仲淹、韓琦、歐陽修等人，亦以朝廷之力協助發展，於是「師儒之道以立」，以「師道明正學」，顯然學術復興的契機以開。宋初的學術復興是以儒家思想爲主流的運動，所謂「明正學」即指以儒學爲正。這個正儒運動或者說新儒學之開創，通常要溯自韓愈、李翱爲其先聲。

在哲學史上來看，韓愈以文人述其學術思想，於哲學上並無多少實際貢獻，但在正儒運動中卻有鮮明的立場，指出儒學復興之精神方向，從下面這段話中就可以看出來：

孟子，……然賴其言，而今學者尚知宗孔氏、崇仁義，貴王賤霸而已。……故愈嘗推尊孟氏，以為功不在禹下者，為此也。漢氏已來，羣儒區區修補，百孔千瘡，隨亂隨失，其危如一髮引千鈞，絲絲延延，寖以微滅。於是時也，唱釋老於其間，鼓天下之眾而從之。嗚呼！其亦不仁

> 甚矣。釋老之害，過於楊墨；韓愈之賢，不及孟子，孟子
> 不能救之於未亡之前，而韓愈乃欲全之於已壞之後。嗚
> 呼！其亦不量其力，且見其身之危，莫之救以死也，雖
> 然，使其道由愈而粗傳，雖滅死萬萬無恨。㉓

以孟子闢楊墨來比喻自己闢佛老，韓愈的志向、精神已充分表
白。而孟子卽在於尊孔揚儒，以儒家而言，就是「明正學」，韓
愈尊孟闢佛，也就是當時的「明正學」，他認爲佛老之害甚於楊
墨，可知當時思想界之情況及儒門淡薄的現象。韓愈力倡儒學之
復興，開新儒學的先聲，給予後來宋學與起的努力方向，而其
「道統論」也建立了理學的系統觀念。

　　與韓愈大致同時代的李翱，在復興儒學的哲學理論方面較韓
愈爲有功，卽對儒學問題較有見解，他是首開以《中庸》爲根據
來闡釋儒學理論之人，其名著〈復性書〉三篇就是最好的說明。
又用《易傳》通《中庸》說「本性論」，也就是建立儒學中的「性
命之道」，以及「盡性」的工夫。他特別強調儒學本身就有「性
命」的理論，只是未被闡發而已；加之秦火滅書，僅得《中庸》
不焚，於是性命之道廢缺。而後來教授者，只講傳節行、文章、
章句、威儀等，性命之源就因之失傳。「道之極于剝也，必復，
吾豈復之時邪？」李翱有志於將儒家失傳的性命之道重新復興起
來，他說：

> 嗚呼！性命之書雖存，學者莫能明，是故皆入於莊、列、
> 老、釋。不知者謂夫子之徒不足以窮性命之道，信之者皆

---

㉓　見韓愈《韓昌黎文集》，卷3，〈與孟尙書書〉，頁125、126。

是也。有問於我，我以吾之所知而傳焉。遂書於書，以開
誠明之源，而缺絕廢棄不揚之道，幾可以傳於時。❷

「開誠明」之源，以窮性命之道，這就給宋初理學家們提供了線
索，以《易傳》、《中庸》貫聯孔、孟之學，與韓愈力倡儒學復
興，都起了理學的先驅作用。

　　就哲學問題來說，宋代哲學家們圍繞著理、氣、心、物等問
題，在本體論、知識論方面展開了更為廣濶深入的討論。北宋初
期道學始創者周敦頤，從一多關係入手，突出事物的多樣性及其
統一性的動力問題，他在哲學體系中容納了漢、唐某些氣化萬物
的思想，如王充說：「天地合氣，萬物自生。」❷氣生萬物進而分
陰陽二氣的化生萬物，陰陽二氣的一動一靜，互為其根，再把萬
物發生的動力歸之於掌握動靜之機的「太極」，提出了太極 ——
二氣 —— 五行 —— 萬物的宇宙論模式，開啓了對宇宙本體論問題
的進一步課程。敦頤的宇宙論是用了《易傳》與《中庸》的形上
觀念為主，也受到道家思想的影響，其《太極圖說》是為代表，
這也是他最受注目及討論較多的哲學問題。

　　敦頤的《通書》受到《中庸》影響，提出聖人之本的「誠」
的觀念，他用「誠」來闡述本體及工夫，頗有啓示後學的作用。
他所論的「性」與其宇宙論有關，認為「五行」生萬物，因而有
種種不同之「性」，這其實是張載所說的「氣質之性」，所以敦頤
並沒有「心性」之學的理論，如同講陰陽、五行一樣，非孔孟之
學所講論。

---

❷　見李翱《李文公集》，卷 2，＜復性書・上＞，頁 9 上、下。
❷　見《論衡集解》，卷 18，＜自然篇＞，頁 365。

　　對周敦頤所探討的問題，邵雍則更細緻地考察了化生過程中存在於「一動一靜之間」的數量界線。邵氏之學以《先天圖》為主，出之於陳希夷。程顥說其學遠源於孔門之後，然門戶眾多，各有所傳，其學由穆修至李之才而傳，「淳一不雜，汪洋浩大，乃其所自得者多矣！」❷⁶ 可知明道以為邵氏之學多係「自得」而來，意味著不似孔孟儒學之正宗。

　　邵雍以「始、極、大、小」的動靜程度，來決定陰陽、剛柔等性質差異中的作用，以一「元」作為世界終始的時間，由三十年為一世，十二世為一運，三十運為一會，十二會為一元，一元終，另一元又復始，如此生滅相繼。他以簡單的等比級數化為凝固的先驗公式，推演世界循環發展的周期和規律，建立一套象數學的體系，充滿命定論的歷史觀，這就是其「自得」者，實在與孔孟儒學的精義不能符合，充滿道家及道教的氣息，但宋初理學家多少都不免受道家之影響。二程子說：「邵堯夫猶空中樓閣。」❷⁷ 又說：「卻於儒術未見所得。」❷⁸ 這些話在儒學復興的意義上大體是不錯的。後來二程子擺脫了陰陽動靜之「數」，而尋求陰陽消長之「理」，就是對邵雍之學的超越。

　　張載提出宇宙唯一的實體為「氣」，或者是「虛」，他有「虛空即氣」、「太虛即氣」的命題，把氣化的宇宙論作詳密的論述，使傳統「氣」的觀念有新的發展，他說：「凡可狀皆有也，凡有皆象也，凡象皆氣也，氣之性本虛而神。」❷⁹ 指出一切可表述的

------

❷⁶　見程顥<邵堯夫先生墓誌銘>，收在《二程集》，頁503。

❷⁷　見<河南程氏遺書>，卷7，收在《二程集》，頁97。

❷⁸　見同❷⁷，頁112。

❷⁹　見《張子全書》，卷之三，<乾稱篇第十七>，頁80。

都是存在，凡是存在的都是可見之象，一切可見之象都是氣，而氣之性是無形、無窮的虛，氣與虛是散聚的關係，不是有或無，而是幽或明。氣為一物之兩體，氣化蘊含兩種對立事物的變化，是必然的規律，而神化是兩體的互相感應合一，是不可預測的❸⓿。

張載除了提出氣化的宇宙論之外，在倫理學方面，因之也提出了關於人性的問題，他有「天地之性」與「氣質之性」的命題，前者即人性善之根源，後者即才性之偏。人性之善就是孔孟儒學的「仁」，張載在其名著《西銘》中充分作了發揮，擴充至「民，吾同胞；物，吾與也」。但《西銘》的理論基礎仍不離《易傳》與《中庸》，在理論上並不完整，大體表現出一種觀念與態度，可據此通到「盡性」之義。

對於「氣質之性」，張氏以為「學即能移」，就是改變氣質，他指出的「學」是成德之學，求「德性之知」以別於「見聞之知」，這已有「心性論」的說法，也是他知識論中主要討論的論題。

在王安石之前或約略同時期的哲學家，大體以前面所舉的周、邵、張三人為代表，他們都建立了自己的宇宙論、人性論、知識論等，有形上學的成分，也有心性論的成分，這是初期宋學在哲學問題上的表現。不論他們在理論上的精密、完整都有可議之處，還是在體系的建立上不夠融貫，但都不同於此前對儒學的闡釋，很可以由他們看到一種新的哲學思想，及對儒學探討的態度，對於後來以理學為主要內容的新儒學，的確有開山的作用。

---

❸⓿　參見黃秀璣《張載》，頁27-71。

　　安石與周、邵、張三人都屬初期宋學的尾聲，他們所建立的
學術，直接爲中期如二程子等人所吸收，而初期宋學的特徵，在
哲學思想上就是略嫌博雜，牴牾與不透徹之處稍多。安石的學術
卽「荊公新學」，在哲學上所注意到的問題與周、邵、張三人類
同，除建立了宇宙論、倫理學等，也談「氣」、「性」等命題，在
理論的憑藉上，同樣地仍主要依賴了《易傳》、《中庸》這些非
純粹孔孟儒學的典籍，不過安石博學勝於三人，思辨能力也較
強，故而他的論題與內容顯得精彩些，但他們的總目標爲復興儒
學則是一致的。另外，他們還有「出於己意」的共同點，其中包
括了解經典古籍不全襲舊注疏，不在訓詁章句，而求其大義要
旨；自家體會之處頗多，這也爲同時代及後學造成了新風氣，尤
其安石頗有領導此風的傾向，其「荊公新學」之所以爲「新」，
庶幾在此。

# 第三章　王安石的宇宙論

王安石在〈答曾鞏書〉中說:

> 某自百家諸子之書,至於《難經》、《素問》、《本草》
> 諸小說,無所不讀,農夫、女工無所不問,然後於經為能
> 知其大體而無礙。蓋後世學者,與先王之時異矣,不如
> 是,不足以盡聖人故也。揚雄雖為不好非聖之書,然於
> 墨、晏、鄒、莊、申、韓,亦何所不讀,彼致其知而後
> 讀,以有所去取,故異學不能亂也。惟其不能亂,故能有
> 所去取者,所以明吾道而已。……方今亂俗,不在於佛,
> 乃在於學士大夫沉沒利欲,以言相尚,不知自治而已,
> ……❶

這裡可看到安石讀書之尚博學,及其在學術上之自負。正如他詩
中之句「我讀萬卷書,識盡天下理」❷一樣,故而蘇軾要說安石
「網羅六藝之遺文,斷以己意;糠粃百家之陳迹,作新斯人」❸。

---

❶ 見《王安石全集》,《文集》,卷29,〈答曾子固書〉,頁17-18。
❷ 見《詩集》,卷3,「擬寒山拾得二十首」之七,頁15。
❸ 見《蘇東坡全集》,〈外制集〉,卷上,〈王安石贈太傅〉,頁598。

安石勤讀博學，重「自治」、「能有所去取」，大約是史上之公論。又其學術精神可見於〈答李資深書〉中：

> 雖然，天下之變故多矣，而古之君子辭受取舍之方不一，
> 彼皆內得於己，有以待物，而非有待乎物者也。非有待乎
> 物，故其跡時若可疑；有以待物，故其心未嘗有悔也。若
> 是者，豈以夫世之毀譽者概其心哉。若某者不足以望此，
> 然私有志焉，……❹

此「內得於己，有以待物」正當與「自治」、「能有所去取」合觀，以識安石之學在於為己之學。

　　〈答曾鞏書〉中以揚雄為標榜，蓋取其博學而尊孔、孟，「異學不亂」、「明吾道」，實指孔、孟儒學為正學，彰明孔、孟之道也。雖然揚雄推重孔、孟，但在哲學上卻未領悟孔、孟之道，此為揚雄之哲學上之問題，於此姑不論，唯安石所稱揚雄是取其博學而好孔、孟也。揚雄固已離孔、孟哲學上之旨趣，如安石等宋初諸儒也多有未合孔、孟哲學之宗旨。以下由安石之宇宙論看起。

## 一、五　　行

　　安石極博學，其思想亦呈現兼收並蓄的特色，由傳統之典籍融成個人的哲學。在宇宙論方面混合著多種的體系，諸如《老

---

❹　見《文集》，卷29，頁10。

子》的道體論、《易傳》的對生變化論、心性系統中的天人關係、荀子的天生人成論，以及五行的宇宙論等❺，但他基本的宇宙論是以《洪範傳》及《老子注》二者爲代表❻。

〈洪範〉相傳爲箕子答武王之問，是治天下的大法要道，在安石所處的時代環境而言，他正可以用爲「深發獨智，趣時應物」的典範❼，而他必欲自己作傳不以舊傳注爲滿足，就是認爲舊傳不明於聖人之經，不能傳述聖人心意，致使學者久蔽於傳注之學，故不得已而作新傳❽。一方面安石已開拋棄舊傳注之傳統，另開新義之風；二方面有直窺聖人之道，並以之爲其理論基礎。就〈洪範〉而言，他以爲「書言天人之道，莫大於〈洪範〉」❾，言天人關係即在此。安石尊儒，崇孔、孟，姑不論〈洪範〉是否與孔、孟之道相干，或其所謂聖人之心意在此，但在安石爲〈洪範〉作傳解時卻論述了他的宇宙觀出來。

安石在《洪範傳》中開宗明義即提出「五行，天所以命萬物者也，故初一曰五行」，而後論五行：

> 一曰水，二曰火，三曰木，四曰金，五曰土，何也？五行
> 也者，成變化而行鬼神，往來乎天地之間而不窮者也，是

---

❺　參見韋政通《中國思想史》，下冊，頁1021。

❻　王安石之《洪範傳》全文，見於其《文集》，卷40，頁 107-118。其《老子注》收於嚴靈峯輯，無求備齋老子集成初編。道藏本所收彭耜《道德眞經注》所引，另見於《歷代哲學文選・宋元明篇》，頁104-111。以下所引前述傳、注即不再加注。

❼　見《文集》，卷 8，〈進洪範表〉，頁71。

❽　見《文集》，卷46，〈書洪範傳後〉，頁168。

❾　見《文集》，卷41，〈禮樂論〉，頁124。

故謂之行。

這是說萬物由五行而產生，天地之變化是由此五行不斷地在動而造成，所以稱之爲行，卽「動」也。五行成爲天地萬物不斷變化、創造的物質或元素。安石對這五種物質有相當多的論述，他將其屬性與特徵分別安排配位，他說：

> 蓋五行之爲物，其時、其位、其材、其氣、其性、其形、其事、其情、其色、其聲、其臭、其味，皆各有耦，推而散之，無所不通，一柔一剛，一晦一明，故有正有邪，有美有惡，有醜有好，有凶有吉；性命之理，道德之意，皆在是矣！

此段文句中「有耦」之觀念，容後再論。這裡所說的時、位、材等都在其後的傳文中作了詳細的「推而散之」，例如對原經文「水曰潤下，火曰炎上，木曰曲直，金曰從革，土爰稼穡」的解說是這樣的：

> 曰者，所以命其物，爰者，言之於稼穡而已；潤者，性也；炎者，氣也；上下者，位也；曲直者，形也；從革者，材也；稼穡者，人事也。冬物之性復，復者性之所，故於水言其性；夏物之氣交，交者氣之時，故於火言其氣；……水言潤，則火燠、土溽、木敷、金斂，皆可知也。火言炎，則水冽、土烝、木溫、金清，皆可知也。水言下，火言上，則木左、金右、土中央，皆可知也；推類

而反之，則曰後、曰前、曰西、曰東、曰北、曰南，皆可
知也。木言曲直，則土圓、金方、火銳、水平，皆可知
也；金言從革，則木變、土化、水因、火革，皆可知也。
土言稼穡，則水之井洫，火之爨冶，木金之為械器，皆可
知也。

照這樣分類言五行的特質分配，看似相當整齊，綜合起來如由
「天一」所生之水，其時為多，其位為下（北），其材為因，其
氣為冽，其性為潤，其形為平，其事為井洫，其味為鹹。其餘
「地二」所生之火，「天三」所生之木，「地四」所生之金，「天
五」所生之土等等皆可依序排出。

由上可看出安石思辨之能力，他對五行的屬性排比較舊注為
詳，基本的解釋仍不脫舊注所指的材質之義，孔《傳》即強調五
行為自然之常性，孔穎達《正義》又加之說明：

此章所演文有三重：第一言其名次，第二言其體性，第三
言其氣味。言五者性異而味別，名（各）為人之用，《書
傳》云：水火者，百姓之求飲食也。金木者，百姓之所興
作也。土者萬物之所資生也。是為人用，五行即五材也。
襄二十七年《左傳》云：天生五材，民並用之，言五者各
有材幹也。❿

安石對五行的看法基本上不離原義，亦是當五材來看，而五行是

---

❿　見《尚書正義》，頁5下、6上。

〈洪範〉九疇中的一疇，是對自然世界的構成作陳述，也可說是先民經過長期的觀察而分類形成，再由思想上加之組合得到宇宙一切變化的五種基本物性，對這五種材資的屬性、法則、動力都有所認知，由此所現出的自然世界爲一動態的過程，規劃了自然宇宙觀的雛型。五行的性質與彼此間的關係應是以實際經驗得知的，反映出宇宙事物間的機體性關聯，在哲學範疇間也產生機體性關聯的結構，範疇關係即自然現象的關係，二者互爲影響。但經驗的自然觀往往成爲其他事物說明的根據，並且會有廣泛的應用；透過類比使事物秩序化及予以新的意義，加之抽象化，使事物有更多的含義，增加觀念的普遍性及抽象性。

　　五行由五材的原義，也會有類比與抽象化的發展，如五材的功用已分明指出，同時又能進一步以五行之氣味與人的生理配合，說：

　　　寒之氣堅，故其味可用以耎；熱之氣耎，故其味可用以堅；風之氣散，故其味可用以收；燥之氣收，故其味可用以散；土者，沖氣之所生也，沖氣則無所不和，故其味可用以緩而已。氣堅則壯，故苦可以養氣；脈耎則和，故鹹可以養脈；骨收則強，故酸可以養骨；筋散則不擧，故辛可以養筋；肉緩則不壅，故甘可以養肉。堅之而後可以耎，收之而後可以散；欲緩用甘，不欲則弗用也。古之養生治疾者，必先通乎此，……

這五行在養生醫學上的運用，仍然是取其材質之性而鋪陳出的說法，五行與民用的關係不惟在井泗、械器，還在於養生治疾。

　　《左傳》說「天生五材，民並用之」，應是言五行的本義，〈洪範〉所述的五行也是在材質的原義，起初並沒有抽象的或神祕的意味，亦沒有去傅會人事，與天道、形上皆無關係。安石對五行之解說雖極盡其思辨之能力，然大體上仍參酌了舊注，如言五行之性：

　　　　水性本甘，久浸其地，變而為鹵，鹵味乃鹹。
　　　　火性炎上，焚物則焦，焦是苦氣。
　　　　木生子實，實其味多酸。
　　　　金之在火，別有腥氣，非苦非酸，其味近辛。
　　　　甘味生於百穀，穀是土之所生，故甘為土之味也。

孔穎達《正義》乃是據孔《傳》所注「水，鹵所生」、「焦氣之味」、「木，實之性」、「金之氣味」、「甘味生於百穀」等加之疏解而成，其中又屢引《禮記·月令》之文爲旁證❶。安石對五行之解說仍有部分受到漢儒陰陽五行學說之影響，如同孔穎達對五行部分的說法一樣，他們都用了「天一生水於北」這類的觀點，此爲《易·繫辭》揲筮之法，鄭玄引《漢書·律曆志》衍說而成❷。而五行由自然的材質演變爲氣的觀念則始於鄒衍的五德終始之說，將陰陽、五行都同視爲氣，而後董仲舒建立了陰陽五行的

---

❶　參見同❶，頁7上。
❷　參見徐復觀《中國人性論史·先秦篇》，附錄二，〈陰陽五行及其有關文獻的研究〉，頁570、571。鄭玄衍說律曆志，係錢大昕之說，見《漢書》，卷21上，王先謙補注，頁39上。

氣化理論❸。

董仲舒說：「天地之氣，合而爲一，分爲陰陽，判爲四時，列爲五行。」❹ 這是他氣化宇宙論的基礎，以天地之元氣分化爲陰陽、四時、五行等，是視五行爲氣，而又有五行相生相勝的循環不息，以及天人關係的傅會。安石論五行多少受到董仲舒的影響。安石說五行是五種物質或元素，雖則五行是「天所以命萬物者也」，但「往來乎天地之間」，彷彿是氣化的觀念，又說「生物者氣也，成之者味也」，指明了五行之爲物是氣所生，他說：

> 北方陰極而生寒，寒生水，南方陽極而生熱，熱生火，故
> 水潤而火炎，水下而火上。東方陽動以散而生風，風生
> 木，木者，陽中也，……西方陰止以收而生燥，燥生金，
> 金者，陰中也，……中央陰陽交而生濕，濕生土，土者，
> 陰陽沖氣之所生也。

這裡逃明了五行之生是由五方的氣而來，而「萬物之所以成」係五行的水施、火化、木生、金成、土和的性質變化的結果。這種氣化的觀念是與陰陽有關，他說：

> 易曰：天地之數五十有五，所以成變化而行鬼神。蓋天地
> 之數不過乎五行，五行之數皆本乎陰陽，五行之數足以制
> 鬼神而行之。❺

---

❸ 參見韋政通《董仲舒》，頁84。
❹ 見董仲舒《春秋繁露·五行相生》。
❺ 見王昭宇《周禮詳解》，卷24，頁16下。

以《繫辭‧上傳》中天一、地二等數而言，此揲筮之法並不具有五行的觀念。雖然陰陽的觀念漸在《易傳》中出現，但安石說五行本乎陰陽等卻是承漢唐儒者舊說，前已言及。孔穎達引《左傳‧襄公二十七年》：「言五者各有材幹也。」其下接著說：「若在天則五氣流行，在地世所行用也。」將材質性的五行又衍生出在天之氣，對天一、地二等數則引孔《傳》曰：「皆其生數。」再加之疏解，說「數所起，起於陰陽，……又萬物之本，有生於無者」，這些融和了道家與漢儒之陰陽五行的說法，大體上也為安石所吸收，於是在〈洪範〉中論五行的這一部分，既將五行為材質的原義作了詳密的陳述，又不免將五行作為構造宇宙的基本元素，而認為是由氣所生成。

五行之於人的生理密切相關，在前述養生部分已有說明，它們又與精神的活動相關，安石說：

> 天一生水，其於物為精，精者，一之所生也。地二生火，其於物為神，神者，有精而後從之者也。天三生木，其於物為魂，魂從神者也。地四生金，其於物為魄，魄者，有魂而後從之者也。天五生土，其於物為意，精神魂魄具而後有意。

這似乎是說為萬物中的人的構成一面，是代表或象徵的意義？還是說精由水生、神由火生等等意思？是物質發展的結果所產生的精神現象呢？還是物質本身的精神屬性？這裡的語句並不明確，但物質與精神的關係，似乎是在五行生成時才發生的現象。

## 二、有耦有對

安石宇宙論的第二個觀點是在於「有耦」。五行能「成變化而行鬼神」卽在於「有耦」，也就是「有對」，他解〈洪範〉中說：

> 道立於兩，成於三，變於五，而天地之數具。其爲十也，耦之而已。蓋五行之爲物，其時其位、其材其氣，……皆各有耦，推而散之，無所不通。一柔一剛，一晦一明，……

道是由陰陽的互動而展現出來，由陰陽二氣形成的事物卽「成於三」，五行的各種變化造成萬物卽「變於五」，這些都是「有耦」的關係。安石又推之一切事務也皆有耦，認爲「性命之理，道德之意，皆在是矣！」自然與人事之理因此也無不相通。接著又說耦之中又有耦焉，如此，萬物之變可至於無窮。五行的時、位、材、氣、性、形等等都是有耦的，如水潤、火燥，潤與燥卽爲耦，耦之中又有耦，則是指同材質或元素間的相對關係，如水之氣「冽」，「冽」屬寒，而寒之氣「堅」，但水之味「鹹」而可用以「哭」，這些相對立的情形是爲「有對」，也就是「有耦」。

「有耦」成爲普遍性，一柔一剛、有正有邪、有美有惡、有醜有好、有凶有吉，這些都是相對立的，「蓋善者惡之對也」，「有善必有其惡」（《老子注‧不尚賢章第三》），他又說：「有之與無，難之與易，長之與短，高之與下，音之與聲，前之與後，

是皆不免有所對。」（〈天下皆知章第二〉）安石相當重視這種「反」、「對」的兩面，他說：

> 蓋有無者，若東西之相反而不可以相無也。故非有則無以見無，而非無則以出有。有無之變，更出迭入而未離乎道，此則聖人之所謂神者矣。易曰：無思也，無為也，寂然不動，感而遂通天下之故，此之謂也（〈道可道章第一〉）。

他又說：「輕者必以重為依，躁者必以靜為主。」（〈重為輕根章第二十六〉）相對立又不可相離，單獨地存在則不具有意義，這是「反」與「對」的一種觀點。但老子的「反」還具有事物相反的變化義，以循環的交互變化來說明「道」的運行及作用。安石以善惡、長短、高下等「有對」來說明其不可相無，而五行之「有耦」也不可相離，萬物之變才能至於無窮，這是變化、創造之理，即相反相成之義。他解釋五行的「有耦」，由相生相繼、相克相治的觀點來說明：

> 語器也以相治，故序六府以相克；語時也以相繼，故序盛德所在以相生。〈洪範〉語道與命，故其序與語器與時者異也。……器者道之散，時者命之運，……道萬物而無所由，命萬物而無所聽，唯天下之至神，為能與於此。

語器的六府指〈大禹謨〉水火金木土穀之序，語時的盛德指《禮記·月令》木火金水之序，〈洪範〉語道與命，故其序為水火木

金土，器時爲道命之散運，也是相生相克之理，整個和諧的掌握
在於「天下之至神」。他解說《道德經》「有無之變、更出迭入」
而未離乎道，這也是所謂「神」，「有耦」、「有對」的消解與和諧
卽如此。「神」是可以掌握道的，所以雖然不免有所對，「唯能兼
忘此六者（有之於無，　難之於易，　……），則可以入神」（〈天
下皆知章第二〉），　天地間就可以無對了。「神」在安石之意卽
《易‧繫辭》所說的無思無爲，寂然不動，感而遂通天下。這是
「有無之變，更出迭入」，　不僅是有，也是無，是兩者的變化，
以及兩者的合一，　所以是相反而不可以相無，　故而入神卽可以
「無對」。

　　安石說「道立於兩」與「有耦」的概念，是中國哲學史上相
當重要的範疇，大體上是源於老子所提出的「反」、「對」而來。
在宋代的思想家頗多注意這個範疇：如張載說「兩不立則一不可
見，一不可見則兩之用息」，「不有兩則無一」，「以是知萬物雖
多，其實一物，無無陰陽者。以是知天地變化，　二端而已」[16]，
宇宙萬物各有不同，天地變化在於二端（指陰陽）而已，陰陽如
同剛柔、男女等兩不相同，但卻不能不受相互的影響，所謂相反
相成之理，可以延伸至由二（對、分）而一（和、合）的每一方
都是對方和整體生存及發展的條件，則「對」是變化的動力、始
因。又如二程子說：「天地萬物之理，無獨必有對，皆自然而然，
非有安排也。」又說：

　　萬物莫不有對，一陰一陽，一善一惡，陽長則陰消，善增

---

　　[16]　見張載《正蒙‧太和》，頁25、26。

則惡減，斯理也，推之其遠乎？人只要知此耳。⑰

這也是說明萬物有對之理，而且是自然之理。由「對」可以延伸至「分」，如說太極生兩儀，兩儀生四象，四象生八卦，朱子說：「此只是一分爲二，節節如此，以至於無窮，皆是一生兩耳。」⑱ 這裡「分」與老子所言「生」的意義相似。「對」不惟是自然之理而有所表象，往往還被認爲是變化的動力。

安石由五行的有耦、有對推到萬物之變至於無窮；萬物的生成由五行而言是水施、火化、木生、金成、土和，「施生以柔、化成以剛」是剛柔之用，最終還是要用土和之，這與西周史伯所言：「故先王以土與金木水火雜，以成百物。」類似⑲，史伯說「和」爲「以他平他」，韋昭注：「陰陽和而萬物生，異味相和。」指出不同性質或相對的二者結合。史伯與安石所講的五行相雜而成的和應是相同的。史伯未說明如何去「和」，安石對五行用水施、火化等約略說明了「和」的方法，又用相生相克來解說耦對的變化，而以「神」作爲消解，「神」的具體表現大約就在於「和」了。

## 三、道　與　氣

安石說〈洪範〉是語道與命者，「道者，萬物莫不由之者也」，道成爲萬物創生的源頭，但他又說五行是「天所以命萬物

---

⑰　見《二程集·遺書》，卷11，頁121、123。

⑱　見《朱子語類》，卷67，頁6上。

⑲　見《文集》，卷43，〈老子〉，頁142。

者也」，這裡道與天是相同的，成為客觀的實體而具有無限性。安石在解《道德經》中說「天與道合而為一」（〈致虛極章第十六〉），則五行亦是由道所生成。又說：「道，非物也，然謂之道，則有物矣，恍惚是也。」（〈孔德之容章第二十一〉）這是老子「無狀之狀，無物之象」之說。道是最始的存在，為一切的本源，「道者，天也，萬物之所自生，故為天下母」（〈天下有始章第五十二〉），「惟道則先於天地而不為壯，長於上古而不為老」（〈含德之厚章第五十五〉），故而「道之荒大而莫知畔岸」（〈絕學無憂章第二十〉），這個先天地生的宇宙本源是何而來？安石說：

> 吾不知道是誰所生之子，象帝之先。象者，有形之先也；帝者，生物之祖也。故〈繫辭〉曰：見，乃謂之象，帝，出乎震，其道乃在天地之先。（〈道沖章第四〉）

在一切有形的、成物的，也就是天地萬有的之前即存在。

在宇宙生成上，老子所說的道是一切存在的根源，具有無限的潛在力與創造力，它不受時間和空間的限制，獨立而不改，周行而不殆。這種超越性在「道生一、一生二、二生三、三生萬物」的創生過程中，展現其無限活力，同時要育養萬物，也內在於萬物。安石在這一方面的觀點是同於老子的，而老子的「道」在意義內容上不盡相同，除去指最高的實體外，也作為普遍的規律或人生的準則而言，安石也有類似的說法，他說：

> 道有本末，本者，萬物之所以生也；末者，萬物之所以成

> 也。本者，出之自然，故不假乎人力，而萬物以生也；末
> 者，涉乎形器，故待人力而後萬物以成也。

道之本出於自然，是形而上者，生成萬物本無意志、無目的，這
仍合於老子之義，但老子並不明言「道有本末」，只在脈絡意義
中可以看出如安石所言「涉乎形器」的一些觀點，也就是由形而
上的道落實到經驗世界的道，安石以本末而言，「出之自然」與
「涉乎形器」作爲區分，老子大體上是以「道」、「德」作爲區
分，但皆重在「自然無爲」的指標，安石則以經驗世界裡的道，
採取了儒家有爲的態度。

　　萬物之構成材質爲五行，而五行又從何來？安石說：「夫太
極者，五行之所由生，而五行非太極也。」[20] 即五行由太極所
生，這與周濂溪《太極圖說》所言「太極動而生陽，動極而靜，
靜而生陰，……陰陽變合，而生水火木金土，……五之生也，各
一其性，……二氣交感，化生萬物」[21] 近似，五行「各一其性」，
以至萬物之生成變化在於二氣五行，朱子加之衍說：

> 所謂太極者，只二氣五行之理，非別有物爲太極也。陽變
> 陰合，而生水火木金土，陰陽，氣也，生此五行之質。天
> 地生物，五行獨先，……天地之間何事而非五行？五行陰
> 陽七者袞合，便是生物底材料。陰陽是氣，五行是質。[22]

---

[20]　見《文集》，卷43，〈原性〉，頁145。

[21]　見周敦頤《周濂溪集》，卷1，《太極圖說》，頁2。

[22]　以上各條見《朱子語類》，卷94，頁1下、3上、11上。

五行爲材質，各一其性，化生萬物等，皆與安石所論相同，周、朱二人都以五行爲陰陽二氣所生，緣於二氣的「變合」生成，而二氣是由太極發用使之動靜， 卽「理」在「氣」中發用，「理寓於氣，不能無動靜所乘之機」㉓，有太極爲體， 陰陽爲用之義，又說太極之有動靜，「是天命之流行也」㉔， 合而觀之，有動靜是能流行；含動靜是本體所有。

　　陰陽二氣生五行，而何以能生成？濂溪並沒有正面地解答，只說「變合」而生，而安石與朱子都用「天一生水」這種推測來說。安石在論五行之味時說：「生物者， 氣也。」指五行的生成是氣的作用，在前面曾引「北方陰極而生寒，寒生水；南方陽極而生熱， 熱生火……」的一段，正說明了五方陰陽之氣能生成五行，而何以會如此？他並沒有依據及分析，大約也只能是如濂溪所說的「變合」化生而成。五行爲氣所生，亦卽陰陽二氣所生，而安石又說太極生成五行，則太極當是氣，若以朱子所說太極是理，爲形而上的，陰陽以下爲氣，由體達用，在氣中發用，則氣生五行或說太極生五行當作如是觀。安石注《道德經》中解「道沖而用之或不盈，淵兮似萬物宗」一段時說：

　　道有體有用，體者， 元氣之不動，用者， 沖氣運行於天地
　　之間。其沖氣至虛而一， 在天則爲天五， 在地則爲地六。
　　蓋沖氣爲元氣之所生， 旣至虛而一， 則或如不盈。似者，
　　不敢正名其道也。（〈道沖章第四〉）

---

㉓　見同㉒，頁5上。
㉔　見同㉑，〈朱子太極圖說解〉，頁5。

這是形而上實存之道，而其體用爲元氣及沖氣，沖氣爲元氣所生，元氣之不動當卽爲「靜」，爲道之體。他又說：「一陰一陽之謂道，而陰陽之中有沖氣，沖氣生於道。」（〈天下有始章第五十二〉）道生沖氣，沖氣又是元氣所生，也就是道之體爲元氣。道的變化顯現於陰陽活動之中，而陰陽之活動仍然是氣的活動，卽沖氣的活動，故說是運行於天地之間，但由元氣所生，因此是「至虛而一，或如不盈」。

　　元氣的用法在漢代較爲多見，如董仲舒說：「王者，人之始也，王正，則元氣和順。」❷何休說：「元者，氣也，無形以起，有形以分，造起天地，天地之始也。」❷ 都是指天地起始時的一體，可以看作創生天地之氣。安石用漢代以後流行的元氣來比附道體，而老子並沒有這樣的說法，老子說「道沖，而用之或不盈」，沖是虛的意思，指道體乃虛，故其作用不窮也，安石以爲「沖而用之」，故解說出沖氣而來。由道或者元氣生的沖氣，就是陰陽二氣，若太極與陰陽爲體用關係，則元氣與沖氣的體用關係也如此。道體應是與元氣、太極同義，而道體也應是卽體卽用的，不過著重於氣的創生作用，所以分體用來說。在《洪範傳》中，安石說生物者是氣，說「土者，陰陽沖氣之所生也」，明言沖氣就是陰陽二氣，都可知他以道爲氣的強烈看法，以及著重於氣之活動。

　　安石對道的掌握是《易・繫辭》的「寂然不動」，故說道體是「元氣之不動」，此與「易有太極」有關，孔穎達說：「太極謂

---

❷　見《春秋繁露・王道》，頁87。

❷　見《春秋公羊傳注疏》引何休解詁，卷1，頁5下。

天地未分之前，元氣混而爲一，卽太初、太一也。」㉗　太極就是元氣，也就是道，應該沒有安石所說的體用、動靜之分；動靜、陰陽、剛柔等都是氣的活動，或者顯現天道的變化，「尙變者，天道也」㉘，這是天地自然之意。對於元氣之不動，當是以靜爲主，安石說：

> 靜爲動之主，重爲輕之佐。輕而不知歸於重，則失於佐矣！動而不知反於靜，則失其主矣。（〈重爲輕根章第二十六〉）

這是由動返之於靜，又說「物之歸根曰靜，靜則復於命矣」（〈致虛極章第十六〉），這是老子講「復命」爲「常」，由知「常」而至於「道」。歸根是回歸到一切存在的根源，是虛靜的狀態，道卽是如此。

安石宇宙論的構成是由最高實體的道開始，它可視之爲太極或不動之元氣，發用爲沖氣或陰陽二氣，而能生成五行，天道尙變卽由五行之生成變化可見。五行由無限的創造所生，故往來於天地之間而不窮，命萬物以成。

---

㉗　見《周易正義・繫辭上》，卷7，頁28下。
㉘　見《文集》，卷28，〈河圖洛書議〉，頁96。

# 第四章　王安石的倫理學
## 及知識論

　　倫理學通常也稱之為道德哲學，以探討道德人格與價值為中心，這其中包括了道德實踐的原則問題。在中國哲學裡表現出最具特色的是「心性論」，由人性與道德建構起來的思想，在先秦已發其端，代表早期儒家重要的哲學思想。宋代理學家們更在這方面有許多的探討，倫理學說也呈現出多樣的面貌，有繼「心性論」闡釋發揚者，有離原旨另立新說者，總之，在宋代的倫理學是頗為繁複的一門學術。宋人在宇宙、人性等問題上有較多的討論，也多少涉及了關於認識的問題，對於知識的來源、認知的能力、是非的標準等都提出了一些看法，這與倫理學一樣，是哲學上的重要課題。

## 一、人性論

　　在中國哲學裡人性論是爭議最多的問題之一，各家所說有同異，又復相背相雜，然就所論層次之不同可約為三：即自然之性、氣質之性、義理之性❶。但關注在人性的善惡問題上，最遲

---

❶　參見牟宗三《心體與性體》，頁198、199。

在戰國初期就有四種不同的觀點，　一是無善無惡，　二是善惡相混，三是有人善、有人惡，四是性善說❷。可知人性之爭論其源甚早，其層次有別，加上歷史之發展愈後則愈複雜。大體上後人所論總有前人之思想在內，但卻對前人之思想往往有誤解之處，復時而見雜糅之說，安石之人性論就有這兩種不易處理的問題，這裡不作詳細的分析，僅就其要義作一疏解❸。

　　就安石所引述到的人性論點約有下列幾家：孔子、孟子、告子、荀子、《中庸》、揚雄、王充、韓愈等；重點則在孟、荀、揚、韓四家，而其立論直接有關人性者多達六、七篇以上❹。安石人性論的總綱為〈原性〉，分別列論孟、荀、揚、韓四家，除去說明了對此四家之理解及批評，同時表現出他的觀點來❺。此外，安石在其他地方表達其思想時，也多論及此四家，可以看出四家最受他重視。

　　安石重視四家的人性論但有他自己對人性之看法，〈原性篇〉中說：

--------

❷　此為公都子對孟子所言，　參見《孟子・告子上》，卷6，頁 160、
　　161。關於中國哲學裡的人性論之類型，　可參見方東美《中國人的
　　人生觀》，頁55-69。

❸　關於王安石之人性論，舉凡言及其思想部分者，多少有所論述，專
　　文研討者，如韋政通《中國思想史》下冊，頁 1025-1032；林敬文
　　《王安石研究》，《師大國文研究所集刊》第二十四號，頁50-58；
　　賀麟〈王安石的性論〉（《思想與時代月刊》第四十三期）。

❹　參見韋政通前揭書，所列為〈原性〉、〈性說〉、〈性論〉、〈性
　　情〉、〈禮論〉、〈禮樂論〉等篇；筆者以為應再加上〈揚孟〉一
　　篇。

❺　參見韋政通前揭書。

……而性者有生之大本也，……夫太極者，五行之所由
生，而五行非太極也；性者，五常之太極也，而五常不可
以謂之性；此吾所以異於韓子。……孟子言人之性善，荀
子言人之性惡。夫太極生五行，然後利害生焉，而太極不
可以利害言也；性生乎情（按：觀其文意，應為情生乎
性），有情然後善惡形焉，而性不可以善惡言也；此吾所
以異於二子。……且諸子之所言，皆吾所謂情也、習也，
非性也。揚子之言為似矣，猶未出乎以習而言性也。……
故曰有情然後善惡形焉。然則善惡者，情之成名而已矣。
孔子曰：性相近也，習相遠也。吾之言如此。❻

先不論安石對各家之理解如何，他提出性乃有生之大本，性為五
常之太極，情生乎性而性不可以善惡言，善惡為情也、習也，而
非性也，性相近、習相遠等概念。

　性為有生之大本，在〈禮樂論〉中有更清楚的說明：

氣之所稟命者，心也。視之能必見，聽之能必聞，行之能
必至，思之能必得，是誠之所至也。不聽而聰，不視而
明，不思而得，不行而至，是性之所固有，而神之所自生
也，盡心盡誠之所至也。故誠之所以不測者性也。……神
生於性，性生於誠，誠生於心，心生於氣，氣生於形，形
者有生之本，故養生在於保形；充形在於育氣；養氣在於
寧心；寧心在於致誠；養誠在於盡性。不盡性，不足以養

---

❻　見《文集》，卷43，頁145。

生。……不養生，不足以盡性也。生與性之相因循，志之
與氣相為表裡也。生渾則蔽性，性渾則蔽生；猶志一則動
氣，氣一則動志也。❼

這段原文可看出安石思辨之特色。他指出「不聽而聰、不視而
明……」等是性之所固有，卽聰、明等是出於自然耳、目的本
能，能必見、必聞等是另一種能力，卽誠之所至，也可以說是心
感通所至的作用。在〈禮樂論〉另外一段中說：「不聽之時，有
先聰焉；不視之時，有先明焉，……聰明者，耳目之所能為，而
所以聰明者，非耳目之所能為也」，就是再次說明這兩種不同的
能力。「神生於性」一段，提出形為有生之本，與〈原性篇〉中
說性乃有生之大本來看，形與性幾乎相通了，故而養生在於保
形，但不盡性不足以養生，不養生則不足以盡性，生之與性猶如
志之與氣的關係。安石論性注重於動物自然之本質或本能，可以
說是有生（形）乃有性，與告子「生之謂性」，荀子「凡性者，天
之就也，不可學、不可事，……目明而耳聰，不可學明矣！」❽
這些觀點相似，不過安石進一步提出「天資之材」的說法：

夫斲木而為之器，服馬而為之駕，此非生而能者也。故必
削之以斧斤，直之以繩墨，……前之以銜勒之制，後之以
鞭策之威，……然聖人捨木而不為器，捨馬而不為駕者，
固亦因其天資之材也。……夫狙猿之形，非不若人也，欲

---

❼ 見《文集》，卷41，頁122、123。

❽ 告子「生之謂性」，見同❷，頁158。荀子見《荀子新注》，卷23，
〈性惡〉，頁467、468。

繩之以尊卑，而節之以揖讓，……其可服耶？以謂天性無
是，而可以化之使偽耶？則狙猿亦可使為禮矣。故曰：禮
始於天而成於人，天則無是而人欲為之者，舉天下之物，
吾蓋未之見也。❾

這是〈禮論〉中所說木、馬與狙猿之天生自然本質，因為「天資
之材」之不同，故可製木爲器，服馬爲駕，而狙猿之性不可使爲
禮，正如在〈原性〉中說：「夫陶人不以木爲埴者，惟土有埴之
性焉。」也是「天資之材」之故。至於何以會有「天資之材」之
異，安石並無進一步解說，觀其文意是認爲自然如此的天生之材
質耳。有生之本的性，各物皆有其性，甚至木、土等物質亦如
此。聰明、土埴、馬駕是性，木不得爲埴，狙猿不能爲禮，則是
因材之不同。其實這裡也就是說性之不同，性與材在此應是同
義。狙猿不能爲禮是天資之材使然，然人可得而爲禮也是天資之
材之故，〈禮論〉中說：「今人生而有嚴父愛母之心，聖人因其
性之欲而爲之制焉。」雖然有勉強行之之意，但卻是「順其性之
欲也」，如此，人性中果具有這種「生而有」之心，好像孟子說
「惻隱之心，人皆有之」一樣，應是先驗而普遍的道德心性。就
此看來，安石認爲人性有「生之謂性」的生命本能，也同時具有
道德的心性。則人有生理、心理上的能力，也有道德上的能力。

　　從「性(形)者，有生之大本」來看，安石偏向於告子「生之
謂性」，董仲舒說：「性之名非生與？如其生之自然之質謂之性。
性者，質也。」❿　是很好的注腳。從「天資之材」來看，有生之

---

❾　見《文集》，卷41，〈禮論〉，頁122。

❿　見《春秋繁露》，卷10，〈深察名號〉，頁55。

形所生的性，可以生嚴父愛母之心，不同於前面的定義概念，另外有了德性自覺的價值概念，所以在〈原性〉中有性爲五常之太極之說，五常爲性所生。故而論及性的善惡時，就不免有難題產生。

就性之所固有的定義概念而言，性無法說善惡，故有性無善惡之義，是卽生而言者。但如前述，則安石對人性之認識頗似後來戴東原所說：「血氣心知有自具之能，口能辨味，耳能辨聲，目能辨色，心能辨乎理義。」⑪ 血氣、心知兩種不同的能力都是自具之能，皆爲「分於陰陽五行而成性者也，故曰天命之謂性。人倫日用，皆血氣心知所有事，故曰率性之謂道」⑫。安石以人的天資之材可以爲禮，生而有嚴父愛母之心，說是人的本性如此，但沒有進一步說明何以如此，像是血氣心知所有事。荀子〈禮論〉中說：「凡生乎天地之間者，有血氣之屬，必有知；有知之屬，莫不愛其類。」⑬ 這與安石所論人性中有其道德自覺的一面相同，就此可言乃爲性善之主張。東原講孟子，將血氣、心知視爲同質；安石說嚴父愛母之心是「性之欲」，聖人不制禮則天下將有慢父疾母「失其性」者，故性善的這一面乃是「性之欲」。他以〈禮論〉批評荀子之〈禮論〉，認爲荀子「以謂聖人之心性爲起僞」，是不知天之過，因爲聖人之制是「順其性之欲」，人的天性如此，故可以爲禮，若人之天性無是，乃不可能「化之使僞」，又說荀子「得性者以爲僞，則失其性者，乃可以爲眞乎？」實則安石對荀子有大的誤解，荀子化性起僞的重要基

⑪　見戴震《孟子字義疏證》，卷上，〈理〉，頁32。
⑫　見同⑪，卷下，〈誠〉，頁76。
⑬　見《荀子新注》，卷19，〈禮論〉，頁391。

準是「性者，本始材朴也；僞者，文理隆盛也。無性則僞之無所加，無僞則性不能自美」**⑭**，安石說錯了荀子，但他的〈禮論〉卻正是荀子化性起僞之意，不過是化性爲「順性」，起僞爲「得性」耳!

既然安石論禮並不違荀子所說，但反對「性惡」論，也反對孟子之性善，前引〈原性〉中對孟荀揚韓四家都有所批評，他以爲人性中有惻隱之心，也有怨毒忿戾之心，都是「感於外而後出乎中者，有不同乎？」故而較贊同揚雄的善惡混之性，不過他又以爲揚雄所論是以「習」言性。批評韓愈五常之性而以三品分之，又有「下焉者，惡焉而已矣」之說，故安石說:「五者之謂性而惡焉者，豈五者之謂哉？」也就是說韓愈混才與性而言，此與揚雄相似。安石評韓、揚相當正確；但對孟、荀卻沒有相應的理解**⑮**。安石在批評中也同時提出自己的論點，就是性無善惡可言，是因情的表現而有善惡，所以說「善惡者，情之成名而已矣」。他又有關於性、情的一篇專論，作爲其性論的補述**⑯**，這篇〈性情〉的要點如下:

安石先批評李翺〈復性書〉中「性善情惡」之論，認爲李氏徒識性情之名，而不得其實，因爲喜怒哀樂好惡欲之情，未發於外而存於心爲性，發於外而見於行爲情，「性者情之本，情者性之用」，提出性情爲體用之合一論。情是人生而具有，「接於物而後動焉」，動合於理則爲聖、爲賢，否則爲小人；君子與小人無非是情的表現，故而世人求性於君子，求情於小人皆爲不當。安

---

**⑭**　見同**⑬**，頁386。

**⑮**　關於安石對四家之評論，可參見韋政通前揭書，頁1026-1032。

**⑯**　參見《文集》，卷42，頁134、135。

石舉舜與文王的喜怒爲例，說明聖人就是情發之合理，故不主張廢情，廢情則性雖善，但無以自明，而無情則同木石不異，是以性情之相須如弓矢之相符而用，「若夫善惡，則猶中與不中也」。安石舉孟子「養其大體爲大人，養其小體爲小人」以及揚雄性善惡混之說，認爲性也可以爲惡，他說：「君子養性之善，故情亦善，小人養性之惡，故情亦惡。」

　　安石以性情之體用來建立其性論，由〈原性〉、〈性情〉兩篇可得其主旨，他認爲性與情皆無善惡可言，本是人所具有，性、情可以爲善也可以爲惡，善惡有其客觀標準，在於情受外在環境影響而發動的得當與否來決定善惡，所以情有善惡則性有善惡，而性之善惡實爲情之善惡。安石這種看法有普遍人性論的傾向。凡人皆如此，沒有天生本性爲善惡、賢愚之等，所謂君子、小人端在其情動當於理否。他在另篇〈性說〉中也重申此義[17]，舉出孔子「性相近也，習相遠也」及「惟上智與下愚不移」而論，認爲性善與不善在於習，習於善爲上智，習於不善爲下愚，「皆於其卒也命之，夫非生而不可移也」，就是說在不斷的習的最後結果來定，因其不移故有智、愚之分，並非天生有此種性的品級，人性生而近似，差別在於後天的習，這是安石解孔子之意，也可以說是對人性認識的源頭，所以在〈原性〉中就以孔子此語爲其結論，在另篇論性的〈性論〉中[18]，說「古之善言性者，莫如仲尼」，性乃智愚均有，其不移者是才而非性，才乃愚智昏明之品。又說「性者，生之質也，五常是也。……人生之有五常，猶水之趨乎下，……小大雖異，而其趨於下同也」，一則分別性

⑰　參見《文集》，卷43，頁146。

⑱　參見《文集》，〈拾遺〉，頁148、149。

與才之異，故評揚雄、韓愈是「混才與性而言之」，有如混氣質與義理之性。但安石這裡卻有矛盾產生，他旣以性爲五常，「孟軻所謂人無有不善之說是也」，則此性當爲善，與前面所說性無善惡，性爲五常之太極等顯然不合，這是安石性論中難以自圓其說之處。

　　安石在〈揚孟〉一文中以二子未嘗不同而作調和之論❶，認爲孟子之性善是指〈正性〉，揚雄之性善惡混是兼不正者而言。據此，則安石所說之性善應該就是專對正性之性而言，是指要追求的理想之性，或人應該具有的性而言，如〈性論〉中說：「以一聖二賢（指孔子、子思、孟子）之心而求之，則性歸於善而已矣。」〈原過〉中說「性失復得」所復之常性❷；解〈湯誥〉「若有恆性」說：「善者，常性也；不善者，非常性也。」❸〈禮樂論〉中說：「禮樂者，先王所以養人之神，正人氣而歸止性也。」❹這些所謂正性、恆性、常性皆性所固有，不正之性、非常性是否亦爲性所固有？若以安石調和揚、孟，則性有善、有不善，此善、不善緣於情之動得當、不當而定，情動可善、可不善，則性亦可善、可不善，性本身乃無善惡可言。但因安石論點顯出有其矛盾之處，又多舉性善之旨，故賀麟認爲安石以性善惡混爲過渡

------

❶　參見《文集》，卷39，頁102、103。

❷　參見《文集》，卷44，頁150。

❸　見程元敏《三經新義輯考彙評㈠尙書》（以下省稱《書義》），頁79。附評文引陳大猷《書集傳或問》：「王氏講……，不幾於善惡混乎？曰：程子謂有義理之性，有血氣之性。血氣之性，有善有不善；義理之性，無不善。常性，義理之性也；非常性，則血氣之性也。」似指安石已有義理、氣質之性之別。

❹　見同❼。

思想，歸結於性善論㉓。

　　安石以爲性是有生之大本，　天資之材，　這與他的宇宙論有關，他以爲天道的自然變化由五行可見，萬物所生卽由此；而五行由太極所生，太極就是他所說的道或天。五行變化由有耦、有對的相反相成，故而萬物各得其性。人性稟之於太極自然變化，猶之乎說：「性者，五常之太極也，　而五常不可以謂之性。」則此人性能生五常，是因性如太極，當無善惡可言。五常爲善，是安石所強調之正性、常性也，　故而可以有〈性論〉中所說：「性者，五常之謂也。」有如說性應該是要這樣的善。但安石卻認爲未必能這樣，乃是因爲情的關係。

　　安石又特別在人性論中提出性情體用說，以情爲習、爲才，在前面已論及受孔子性近習遠之啓發。孔子所言蓋含有相近之人性，　能自生長變化，　具無定性之可能，其相對於所志所學之不同，卻不重人性之爲固定之性。而告子亦有見於人性原非定常，無先天之善或不善，決定於後天；凡生卽性，無無性之生，舍生亦無以見性㉔，安石汲取此二者而不定原性之善惡，著重於後天之可能成的性。在〈再答龔深父論語孟子書〉中，明揭性有善有惡，但說：「出善就惡，謂之性亡，　非不可也。」又引《書經》中記伊尹曰：「茲乃不義，習與性成。」㉕這裡的習性關係恐怕也

---

㉓　參見賀麟前揭文，同樣地看法可參見夏長樸〈王安石思想與孟子的關係〉(《紀念司馬光與王安石逝世九百周年學術研討會論文集》頁295-326)。

㉔　參見唐君毅《中國哲學原論——原性篇》，頁13-17。

㉕　見《文集》，卷28，頁5。所引伊尹之言，見《尚書注疏》，卷8，〈太甲上〉，頁19下。

給安石很好的啓發，不過理學家們對此性以及孔子、告子之言性都會指爲是氣質之性的。

安石以情「接於物而後動」，以及「喜怒哀樂好惡欲，未發於外而存於心，性也；……發於外而見於行，情也」應是本於〈樂記〉所載：「人生而靜，天之性也。感於物而動，性之欲也。」⑯就劉向所說：「性生而然者也，在於身而不發。」可解〈樂記〉之前二句，「情接於物而然者也，形出於外」可解後二句⑰；此正能合安石之說。《中庸》裡又有「喜怒哀樂之未發，謂之中；發而皆中節，謂之和」，這更給安石據爲發揮之處，〈性情〉中所說：「動當於理。」即此發而皆中節之意，在〈勇惠〉中說得很清楚：

> 其未發也，慎而已矣；既發也，義而已矣；慎則待義而後決，義則待宜而後勤，蓋不苟而已也。……言動者，賢不肖之所以分，不可以苟爾，是以君子之動，苟得已則斯靜矣。⑱

未發、已發爲安石特別提出，並以之爲善惡之辨，也就是賢與不肖之別，動當於理爲聖賢，不當於理則爲小人。「其未發也，慎而已矣」，豈不明揭「愼獨」在此之際？「苟得已則斯靜矣」，豈不似周濂溪幾善惡、主靜立人極之意⑲？

---

⑯　見《禮記》鄭注，卷11，頁8下。

⑰　見王充《論衡》，卷2，〈本性第十三〉，頁15上。

⑱　見《文集》，卷42，頁135。

如何能動而合於理？ 安石以爲未發時在「愼」， 已發時在
「義」，這是簡單的要目； 綜合的論述還在其〈禮樂論〉之中。
這篇論文頗長，內容亦相當復雜，大體而言，安石斥修性養生歸
於釋老之說，提出「大禮性之中，大樂性之和，中和之情，通乎
神明」，除注重求諸己、得諸己； 所謂「聖人內求，世人外求」
等養性工夫外，又特別標舉「先王建禮樂之意」， 意謂重禮樂之
精義而非外求其文，「是故先王之道， 可以傳諸言，效諸行者，
皆其法度刑政， 而（疑爲「無」字）非神明之用也」。 這與其
〈禮論〉中所言相同，倡天生人成，順性爲禮，評荀子「以爲特
刼之法度之威，而爲之於外」。 安石復指出禮乃發乎於心，而其
文著於外，雖知禮而溺於其文，則失乎其實，此爲忘性命之本，
而莫能自復❸。 所謂復禮之本卽〈禮樂論〉所說。安石在此力倡
修五事 —— 貌、言、視、聽、思， 學顏回之所學等。 在解〈召
誥〉「今天其命哲， 命吉凶、命歷年」說：「性在我，事在物，
數在時，君子修其在我者，不責命於天也。」❸ 解〈太甲〉「欲
敗度，縱敗禮」說：「欲而無以節之， 謂廣其宮室、侈其衣服之
類； 縱而無以操之， 謂惰其志氣，弛其言貌之類。」❸ 這些都是
修性節欲之論。 總之， 安石的思想中仍不出傳統的仁義禮樂之
教，這類的資料頗多， 也不必再作贅述。

---

❷ 安石辨性情似濂溪， 及其重已發、未發之分， 對程門、 晦翁皆有
　　影響。 參見錢穆《中國學術思想史論叢》㈣，〈初期宋學〉，頁
　　11–13; 錢師又以安石所說實受佛家之影響，然以本文所論，似未
　　必如此。

❸ 參見《文集》，卷41，〈九卦論〉，頁129。

❸ 見前揭《書義》，頁176。

❸ 見同❸，頁83、84。

安石對性之理解是決定於情動之準，情動則在於習，劉向說：「性生而然者也，在於身而不發。情接於物而然者也，形出於外。」[33]　情接於物也是安石〈禮論〉所說「順性之欲也」的性之欲，本之〈樂記〉中「感於物而動，性之欲也」，故情必動；情動的表現如何就在於習，安石說孔子所謂性近習遠卽「言相近之性，以習而相遠，則習不可以不慎，非謂天下之性，皆相近而已矣」[34]，只說性相近是不夠的，要在於習，劉昞說：「性質稟之自然，情變由於習染。」[35]　此卽安石說「天資之材」的性，情變當卽情之動，乃出於習染之不同。習不可不慎應該是安石〈禮樂論〉的思想的出發點。禮樂教化在傳統上是諸儒所通言，但諸說紛紜，在政教上如何規劃措施，而其理論及根據又如何？乃引起安石欲整齊道德之主張。

## 二、一道德說

安石的教化思想除前述所論之外，另可見於其〈太古〉、〈原教〉二篇論文中[36]，他以爲聖人制作是因人之需要而有爲，善教者是使「民化於上而不知所以教之之源」，貿言之，卽順自然而施教，不以刑名法制來強民就範，求政教的原本精神，不囿於法令告誡之文。這是安石強調教化背後的精神所在，卽民無爲而自化，乃最高之理想。

---

[33]　見同[27]。

[34]　見同[25]。

[35]　見劉劭《人物志》上，〈九徵第一〉，劉昞注文，頁1。

[36]　見《文集》，卷44，頁149、150。

　　安石在論學術經義時曾提出一道德之說，如其〈熙寧字說〉：「先王以爲不可忽，而患天下後世失其法，故三歲一同；同之者，一道德也。」❸〈進字說表〉云：「竊以書用於世久矣，先王立學以敎之，設官以達之，……凡以同道德之歸，一名法之守而已。」❸ 熙寧四年詔定新制科舉，以「一道德、成習俗」令天下遵守❸，此卽據安石所上〈乞改科條制劄子〉所云：「伏以古之取士，皆本於學校，故道德一於上，而習俗成於下，其人材皆足以爲於世也。」❹ 次年，神宗語於安石說：「經術今人人乖異，何以一道德？卿有所著，可以頒行，令學者定於一。」❹ 由上述可知一道德之說在於學術經義，而及於科舉、學校，卽「統一經說，使勿紛歧」，神宗亦久思以學術匡天下❹。對安石的一道德之說，在同時及後世人都有許多評論，大體上亦皆在學術及科舉方面加之評詆，其中陳瓘注意到此道德與性命之理有關。朱熹以爲若安石之學能使人人同於己而俱入於是，則無何不可，梁啓超評其不重學術自由，但爲之解釋爲倡己說，而未嘗禁異說；然反對荊公者，則禁人習王氏之學。柯昌頤認爲思想與政令有關，行新法則須絕異議，故安石倡思想統一，但思想若不自由，則政令不可能革新❹。上述四家與其他諸人所論間有不同，其所涉及者

---

❸　見《文集》，卷25，頁149。

❸　見《文集》，卷8，頁70、71。

❸　見《續資治通鑑長編》，卷220，頁1上、下。

❹　見《文集》，卷4，頁37。

❹　見同❸，卷229，頁5上。

❹　參見前揭《書義》，頁314、315；前述數則資料亦參考於此。

❹　以上參見程元敏《三經新義輯考彙評㈢周禮》（以下省稱《禮義》）下，頁696-702。

與本文有關。

安石一道德之思想尚有其他資料可尋。較早的有〈與丁元珍書〉，他說：

> 古者一道德以同俗，故士有揆古人之所為以自守，則人無異論；今家異道，人殊德，士之欲自守者，又牽於末俗之勢，不得事事如古，則人之異論，可悉弭乎？要當擇其近於禮義，而無大謬者取之耳。[44]

這裡指師法古人以自守，古者是一德同俗，故無異論，即後世有異論，也仍以近於禮義者為取捨標準。

在〈答王深甫書二〉中，同樣地提出古代之一德同俗，故「士之有為於世也，人無異論。今家異道，人殊德，又以愛憎喜怒變事實而傳之，……」[45]。看原書文意是安石任職江東（提點江東刑獄）抑或稍後時作[46]，因「日得毀於流俗之士」而作書辯解。其意重在道之興廢以及君子之仕在行其義，故不媚世亦不能合流俗，設如古者一德同俗，則標準近似，將不至有異論。

安石所謂古者之一德同俗成於先王之教，在〈虔州學記〉一文中說得很明白[47]。他以為先王所謂道德，實即性命之理，因之有官師、政刑之設，其教法「德則異之以智、仁、聖、義、忠、

---

[44] 見《文集》，卷31，頁32。

[45] 見《文集》，卷28，頁8。

[46] 蔡上翔將此書附於嘉祐二年，安石移提點江東刑獄之際，見《王荊公年譜考略》，卷5，頁95。

[47] 參見《文集》，卷26，頁155-157。

和；行則同之以孝、友、睦、姻、任、恤；藝則盡之以禮、樂、
射、御、書、數」，這些「異之」、「同之」、「盡之」等的結果，
就是堯舜三代，在從容無爲中「同四海於一堂之上，而流風餘
俗，詠歎之不息」之故。由於先王之道德乃出於性命之理，而性
命之理則出於人心，詩書能循而達之，及經雖亡，但出於人心者
猶在。故逢上失其政，人自爲義，或君臣不知學而樂於自用之
時，終不能勝，即由於此。安石又指出墨子「尙同」就是樂於自
用，而不明一德同俗之義。他說：「道之不一久矣！」就是指的
堯舜之道。

以先王之道爲教，在乎士民之學而成風俗，安石說：

> 蓋繼道莫如守善，守善莫如仁，仁之施自父子始，積善而
> 充之，以至於聖而不可知謂神，推仁而上之，以至於聖人
> 之於天道，此學者之所當以爲事也。……有聞於上，無聞
> 於下；有見於初，無見於終；此道之所以散，百家之所以
> 盛，學者之所以訟也。學乎學，將以一天下之學者，至於
> 無訟而止。[48]

安石欲一天下之學，是以仁爲出發點，「積善而充之」，即如他
說「語曰：塗之人皆可以爲禹，蓋人人有善性，而未必善自充
也」[49]之意，這也是其論人性時主「內求」的一面。另一面則主
於學，所學者即聖人之道，可以說達上下、原終始的聖人之道即
一天下之學的標準。

---

[48]　見《文集》，卷26，〈太平州新學記〉，頁160。
[49]　見《文集》，卷32，〈答孫長倩書〉，頁40。

　　安石一道德之說不全在《字說》、《經義》等學術問題上，還強調古聖先生的道德性命之理，設官學、政刑的教化，一德同俗實卽指此，自充性善之仁也不出此性命之理，不過可以自充來求得，是達成一德同俗的另一種方式。在此兩者之中，安石特重教化的一面，前文曾論及他評荀子之化性起偽之說，實則在教化這面而言，他卻與荀子極近，荀子說化性、成積，「習俗移志，安久移質」⑩，都與安石重習及一德同俗之說相似。在安石同時而論調相同的厥爲曾鞏，他說：

> 古之治天下者，一道德，同風俗，蓋九州之廣，萬民之
> 眾，千歲之遠，其教已明，其習已成之後，所守者一道，
> 所傳者一說而已，故詩書之文，歷世數十作者非一，而其
> 言未嘗不爲終始，化之如此其至也。⑪

這個一德同俗也就是孔孟所明的先王之道，所謂「蓋法者所以適變也，不必盡同；道者所以立本也，不可不一，此理之不易者也」⑫。同樣地，南豐與安石一樣，對古聖之道淪爲異道殊俗有所表示，他以爲教化旣成，則一德同俗，此卽爲理。雖然言理者殊世異人，但未嘗不盡其指，因爲「理當無二」，自古聖先王之法廢澤息，乃諸子各家出，其不能一，就是不當於理之故。而自漢以來，各家之說未嘗一，聖人之道也未嘗明⑬。南豐與安石所

----

⑩　見《荀子・儒效》，頁131–133。

⑪　見曾鞏《南豐類藁》，卷11，〈新序目錄序〉，頁1上。

⑫　見同⑪，〈戰國策目錄序〉，頁8上。

⑬　參見同⑪，卷12，〈王子直文集序〉，頁4下、5上。

論多同，其或有異者，在於南豐提出「理」字來解說，但其實此理亦卽道，也就是古聖先王之道，與安石並無差異，他們都嚮往一德同俗之化成世界。

安石說他與李覯、曾鞏相交結納❺，彼此之理論、思想或有同異，當不免互相有所影響，曾氏論一德同俗與安石如此之近，而李氏之政治思想與安石皆同主致用或功利❺，雖然不能就此說明三者思想上的必然關聯，但就宋初思想之發展來看，他們都深具有復古的傾向，以及教化改制之心。南豐與安石同樣提出一道德乃以古聖先王之道（或理）爲準則，二人相交最好，「其論學皆主考古，其師尊皆主揚雄，其言治皆纖恭於制度而主《周禮》」。荆公更官制，南豐「多爲擬制誥以發之」❺，這或可說明二人一道德觀點在政教思想上如此之近之故。安石以設官師、政刑爲古聖先王教化之具體措施，乃提出治教政令之說法：

> 治教政令，聖人之所謂文也，書之策，引而被之天下之民，一也。聖人之於道也，蓋心得之，作而爲治教政令也，……其書之策也，則道其然而已矣。……二帝、三王，引而被之天下之民而善者也，孔子、孟子，書之策而善者也，皆聖人也，易地則皆然。❺

---

❺　參見《文集》，卷34，＜答王景山書＞，頁56。

❺　見蕭公權前揭書，頁452。

❺　見黃震《黃氏日鈔》，卷63，頁11上。另見安石《文集》，卷31，＜答段縫書＞，頁34、35。

❺　見《文集》，卷33，＜與祖擇之書＞，頁49。

以古聖先王之道卽在政教，施之於民與書之於策皆是此道，因之，他在論文之時，要求「務爲有補於世而已矣」，也就是說：「嘗謂文者，禮教治政云爾，其書之策而傳之人……」[58]，原文之本意乃爲垂道立教之工具。書之於策，使士人受學，故說：「天下不可一日而無政教，故學不可一日而亡於天下。」[59] 無事不出於學，由學以養士，朝夕見聞皆治天下國家之道，其服習必於仁義，而所學必皆盡其材，此卽先王治天下國家，而立學之本意。

安石以一德同俗在於政教，一方面治教在於學，以教育養成人才而參與政治，這裡和他以經義學術之齊一相配合。一方面又透過政令之制，以施之於民，仍以禮樂教化爲主，故其解《詩經‧七月》之通義說：「非道之以政、齊之以刑所能致也，風化而已。」[60] 這是一德同俗以德、以禮而風化之。但安石並不主張絕對的德治，他在解《詩》的〈大序〉時，有這樣的看法：

　　或曰政教，或曰刑政，何也？教化，本也；刑政，末也。
　　至於王道衰，則其本先亡矣，故不足於教化而後言政教，
　　不足於政教而後言刑政，苟則其末亦有所不足，此其所以
　　可哀也。[61]

所說的三個層次分明，教化卽〈七月〉之詩的風化之義，古聖先

---

[58]　見《文集》，卷33，〈上人書〉，頁47、48。

[59]　見《文集》，卷27，〈慈溪縣學記〉，頁166。

[60]　見程元敏《三經新義輯考彙評㈡詩經》（以下省稱《詩義》），頁115。

[61]　見同[60]，頁6。

王在無爲間「同四海於一堂之上，而流風餘俗，詠歎之不息」，而「風之本出於人君一人之躬行，而其末見於一國之事」[62]，所重在聖王之德以風化天下，這安石思想中非常強調的觀念，卽其尊君所重在內聖外王之聖王。論政教與教化關係則有部分重疊，如「天之所以立君，君之所以設官分職者，凡以安民而已」[63]，此君王立政教化之意。「先王之爲天下，內明而外治，其發號施令，以德教爲主，不使民覬刑辟」[64]，此施政以德教，宜爲安石論政教之中心觀點，與聖王無爲而化天下不同，須有爲制作以政族教。「禮義明，則上下不亂，故男女以正；政事治，則財用不乏，故昏姻以時」[65]，此亦爲政教之治，「政立則所以富之，富之然後賦頁可足；教立則所以穀之，穀之然後禮俗可成」[66]，這是另一種政教之說法。至於居末之刑政與政教之間也有部分重疊，「政教立，然後繼之以刑賞，刑賞則政教之末也」[67]，雖爲末，仍不失爲政教的一部分，安石認爲刑之施於政是不得已，如有罪而不能罰，則小人無所懲戒，至於「驕陵放橫，責望其上無已」，雖加以德，仍不能心悅誠服，故以行罰，「然後說德」[68]。在論及先王之節民性，主張「當明政刑以節之」[69]，對小民之「淫用非彝」，用「敢於殄戮，以義民也」，「敢於殄戮，而刑足

----

[62]　見同[60]。

[63]　見前揭《書義》，〈周官〉第二十二，頁210。

[64]　見同[63]，〈呂刑〉第二十九，頁223。

[65]　見前揭《詩義・桃夭》，頁15。

[66]　見前揭《禮義・天官冢宰一》，頁23。

[67]　見同[66]。

[68]　見前揭《書義》，〈康誥〉第十一，頁159。

[69]　見同[68]，〈召誥〉第十四，頁175。

以服人心」等⑰。

　　原安石之本意是以教化爲上、爲本，但王道衰之後則本亡失，有所不足乃求其中，故以政教而行，是以政輔或以政行教化之實。但仍有不足時，只得求之於下，以刑賞推行政令。他說《尙書》立政的精神是：

> 立政之意，始於知恤，而終於用中罰者，蓋知人而官，使之上下小大各任其職，不迪者，糾之以法。政之所以立也。⑪

故而說「獄者，政之終」，刑法確是有所不足之時所施。他雖認爲「作新民之道」，需「敬明乃罰」，又說：

> 刑罰之有級者，政而已，未及大德也。故民之和，勉強而已，非其德也。惟導之以德，然後民應之以德也。畢棄谷，其康乂，所謂應之以德也。⑫

　　備政刑故不及德，正所謂導之以政，齊之以刑，勉強使民致和；任德教則風化以成，民當應之以德。可知安石之理想在於王道之本的教化，以德導民，至政教則爲其次，然猶可以立政行教，若至立政行法，則流於刑政而爲「政之終」了。安石解經有關刑政諸條，屢受人非議，以爲其倡法而背先王之德教，若照上

---

⑰　參見同⑰，頁176、177。
⑪　見前揭《書義》，〈立政〉第二十一，頁204。
⑫　見前揭《書義》，頁155。

面的分疏來看，安石何嘗不任德教而專行法治？不過是逐章句解經，不避諱立政行法耳！其教化、政教、刑政有很清楚的層次之分，並非僅高舉古聖先王之教爲理想，亦重視實際人性的考慮。他說《書經》「惟天生民有欲，無主乃亂」爲：「民之有欲，至於失性命之情以爭之，故攘奪誕謾無所不至。爲之主者，非聰明足以勝之，則亂而已。」❼ 此處說人君當考慮人性之欲，或情動而亂，必順性之欲而教化，乃至以政教、刑政治之，如前述明政刑以節性等，也將是最後的手段了。

《周禮‧天官》強調太宰之職，在於掌建邦之六典，以佐王治國。其六典爲治、教、禮、政、刑、事等，治、教、政三典外，禮典可與之教，刑、事二典可與之政而爲政令，則安石治教政令之名或即本之《周禮》而來。他在〈禮樂論〉中更直截說先王之道，可以傳諸言、效諸行者，即在於法度政刑，這是指具體可見的；若要一德同俗，當也不免多表現在法度政刑了。

安石〈周禮義序〉以道之在於政事，其制而用之存乎法，其法可施於後世，見諸文籍則爲〈周官〉。他說：「以訓而發之之爲難也，則又以知夫立政造事追而復之之爲難。」❼ 這或可說明安石以《周禮》爲政教之典。在〈書義序〉中說「實始操之以驗物，考之以決事」❼，此爲《尙書》之可用，此驗物、決事，當指政刑之謂，而《書義》中論政刑處本亦甚多，可知安石應以《尙書》爲刑政之典。在〈詩義序〉中說：「詩上通乎道德，下止乎禮義，放其言之文，君子以興焉；循其道之序，聖人以成

---

❼　見前揭《書義》，〈仲虺之誥〉第二，頁75。

❼　見前揭《禮義》，頁1；又見《文集》，卷25，頁147。

❼　見前揭《書義》，頁1；又見《文集》，卷25，頁148。

焉。」❼這是說詩關乎禮義道德，以風動教化之，則《詩經》殆
爲安石言教化之典。若上述所指不算勉強，安石爲三經作新義，
與他分教化、政教、刑政等三個層面，是有其意義的，也就是一
德同俗的方法與標準；而其中《周禮》最爲安石所重，故言治教
政令卽爲先王之道的落實。

　　安石說書義「惟天生民有欲」，人主當聰明以勝之，這是原
則性的說法，前面已言及在教化、政教、刑政三層面上都可以說
「聰明以勝之」，不過安石說得不盡，所以遭致林之奇抨擊，以
爲大害義理，比之秦皇、魏武❼。實則安石思想中之人主絕非如
此，甚至唐宗、漢武之流也不爲其所取法，他理想之主乃堯舜聖
王之類，這種聖王之論亦多不備舉，今引其《洪範傳》中一段
說：

　　　　我取正於天，則民取正於我。道之本出於天，其在我爲
　　　　德；皇極，我與庶民所同然也，故我訓于帝，則民訓于我
　　　　矣。❼

這是以君法，成己成人，以德化天下的思想，也是安石之理想，
但在現實人世中可以爲高遠取法之目標，作爲他所說：「聖人之
道，得諸己，從容人事之間而不離其類焉。」這種內求的境界
❼，對於能明其道者而言，可以透過此作內省反觀的工夫，然對

其餘大多數士民而言，還是須以政教，甚至刑政來使之學習或規範，仍可以達到一德同俗之理想，這應是安石基於其對人性之認識的考慮。

安石旣以性爲人生而自然具有之質，沒有先天的聖賢與不肖之分，也不可以善惡言，情亦無非如此，重要的是以情之動來決定，卽情動之合理（道）與否，情也是習，如此則重於外在之客觀環境，也可說以實踐來應客觀之標準，則一德同俗卽爲此標準，情動之合理與否亦卽據此種標準。性情本身具有不定向性，必須用各種方法使之定向於善，使情動合理則性善，以風化、政教、刑政都是不同層次的方法，其目的則一，而安石以治教政令總合爲適於人人且最可行之方法。

陳師錫〈與陳瑩中書〉說:「安石之學，本出於刑名度數，性命道德之說，實生於不足。」朱子則以爲二者相爲表裡，原不可得而分❽。朱子所言頗有見地，但卻有貶刺之意；類陳氏之說則多處可見，舉凡以安石爲法家者，多係此種意見。究竟安石之學是否不足於性命道德，而出之於刑名度數？照筆者之看法，則大有討論之餘地。

刑名度數是實際政治的一個層面，宋儒鮮有不談者，在安石而言，仍只是最低、最後的一層，不會是他的根本之學。言道德性命，安石有其宇宙論、人性論，已如前述，若有所不足，恐怕非出於主觀，卽出於學術的異同而有所評論，當不至如陳師錫所

---

❽　陳師錫之語，見《宋元學案・補遺》，卷98，〈荊公新學略補遺〉，頁51下。朱子引陳氏語微有出入，謂「安石之學，獨有得於刑名度數，而道德性命，則有所不足」，見《文集》所附〈王安石遺事〉，頁7下。

言，說刑名度數爲安石之本，若考其緣由，當係安石變法設施以及黨爭之故。

安石行新法，有一新天下之圖，頗有改造天下的意思，他以人才爲根本，而人才之獲得與培養，遂成爲改造的動力。簡單地說，卽以經術來造士，施之於學校與科舉上。經術以孔孟精義爲準，由此躬教立道以禁私學亂治，然而傳統章句、傳注失之於勝質溺心，故須訓釋義理，爲要化民成俗，尊德樂道❽。這不但說明其經術造士是以孔孟精義爲依歸，而且也說明了重在義理而不在注疏，故而在熙寧四年的貢舉新制裡，所要求的是「務通義理，不須盡用注疏」❽，可知安石不重漢唐儒學，而他所倡義理之學殆爲宋學所標榜。至於《三經新義》之作，是爲義理之學的造士之經術，而後來朱熹之注《四書》，在「務通義理，不須盡用注疏」這一點上，其精神應是與安石一致的。

經術造士如何可能？一方面安石不免蹈襲了傳統學者引用大量先聖之言作爲根據，這是用道德模範來引發學習。另一方面有其理論的部分，卽安石的人性論。在人性論上安石有許多探討，其中文字也有不一致之處，他曾提出人性善、善惡混、無善無惡等三種觀點，但綜觀其說，他對人性之認識是主無善惡的。安石以爲人性本是天然之質，旣無所謂善惡可言，也無所謂天生聖賢、不肖之別。人性不同於其他物性，自有其生理、心理的各種能力，其中也包括認理的部分。而性是借生表現，凡生亦必有其性，故重養生也就是重養性。性無善惡之說，實寓有無定性之可能，後天可能成的性是安石所重者，故人的天資之材與後天可成

---

❽ 參見《文集》，卷9，＜除左僕射謝表＞，頁80。

❽ 參見同❸。

之性，是安石力倡禮樂之論的原因，這仍不脫所謂成德之教的精神。若就成德之教之所以成爲可能而言，畢竟性善還是提供了重要的依據。

在論人性時，安石提出性情互爲體用之論，以爲人性有情，情與性同樣無所謂善惡可言，但情動則見善惡，故性之善惡決定於情之善惡。情之善惡又在於其動之合理、不合理爲斷；而情也就是習，所指爲環境中的客觀標準而言，此標準則爲孔孟之仁義，如此，人性歸之於正性，亦卽爲善性、復性。性情之動，安石又提出未發、已發之說作用善惡之辨；未發之際在於「愼」，已發之時則求之於「義」，這也是後來理學家們所論的重要題目。

安石因性近習遠之說，以禮樂教化作爲習之規範，使所志所學在此。但恐諸說紛紜，義理不明，故而要整齊道德以同俗。安石雖然重視自我擴充、內求等成德之途，但就他所論，仍較偏重教化以成，這是他對普遍人性的認識而再三致意者，因此其一道德說也多用力於此。他提出以教化、政教、刑政等三個層次來達到一德同俗的目的，依次而行，但兼有上下部分的重疊，其最理想者當爲教化，非不得已，乃用政刑，總合之，可以治教政令來說明。

安石一道德說實是基於人才的養成及變風俗之用，自有其對人性之認識爲哲學基礎，但又與《三經新義》之作不可分開，這使他備受非議。若以學術自由而言，安石雖未盡廢他說而代以己論，但他到底還是借用政治力量來推行新義，不免落人口實。因此，與其說安石有礙於學術思想之多元化，毋寧說他太執著於另一種理想之達成。

## 三、知識論

安石說:「〈洪範〉之言天人之道，莫大於貌、言、視、聽、思。」[83]這是指〈洪範〉中的「五事」，他解釋道:

貌曰恭，言曰從，視曰明，聽曰聰，思曰睿；恭作肅，從
作乂，明作哲，聰作謀，睿作聖；何也？恭則貌欽，故作
肅；從則言順，故作乂；明則善視，故作哲；聰則善聽，
故作謀；睿則思無不通，故作聖。五事以思為主，而貌最
其所後也；而其次之如此，何也？此言修身之序也。恭其
貌、順其言，然後可以學而至於哲；既哲矣，然後能聽而
成其謀，然後可以思而至於聖：思者，事之所成終，而所
成始也，思所以作聖也；既聖矣，則雖無思也，無為也，
寂然不動，感而遂通天下之故可也。[84]

這些修身之序的五事，都是由人天生具有的本能發展出來的。原
來〈洪範〉所言是天道與人事，都從天人的自然為基礎，由於實
踐的經驗、觀察，加上思想上的整理、安排而構成，安石掌握此
基礎而大加闡述、推衍。以「五事」而言，它是人身天然具有
的材能，這與前面「人性論」中引〈禮樂論〉的「性所固有」一
樣，聰、明為耳、目的本能，而必能見、必能聞，則是由心感通
所至的作用，材能與心感可說是認識的基礎。在「五事」上來

---

[83]　見《文集》，卷41，〈禮樂論〉，頁122、123。
[84]　見《洪範傳》，卷40，頁110。

講，雖說是「修身」秩序，它的安排自有其一定的道理，但在知識論上而言，它也可展示出認識的方法來。因貌恭、言從，「然後可以學而至於哲」，「明則善視」，「聰則善聽」，由哲至成謀，成謀後能思而至於聖。透過「學」，可以指學習、經驗等使眼光清楚，再集謠議可以成謀，最後加之思考則達到無所不能知的地步，這是種思辨之學，並非空論。

由自然的生理材能與心理感通爲認識的普遍途徑，所謂「可視而知，可聽而思，自然之義也」❽，這可以說明人天生的耳、目可視、可聽，由視而知，由聽而思，是加上心理的感通而達到的，這與善視、善聽爲聰明之所自一樣，爲作哲、作謀之所本。人具有耳、目等認識功能的器官，視、聽爲這些器官的自然性質，這些自然稟賦是認識不可少的條件，就是「人之所難得乎天者，聰明辨智敏給之材」❽，但要聰明辨智使視而明、聽而聰等，還與經驗有關，而與客觀對象產生了聯繫。

安石說「接於物而後動」❽，原是指人生而有之的喜、怒等七情（七性）的活動，是由於外界對象而引起的，客觀對象引起人的認識活動，也構成了認識的客觀內容。人的視、聽也是一樣，得自客觀世界的直接觀察與經驗而來，所謂「古人之觀於天地、山川、草木、蟲魚、鳥獸，往往有得，以其求思之深，而無不在也」❽，這就是直接觀察與經驗得來，觀察重在直接，經驗主要在後天的學習。由觀察與經驗通常就可掌握認知的對象：

---

❽　見《文集》，卷8，＜進字說表＞，頁71。

❽　見《文集》，卷55，＜節度推官陳君墓誌銘＞，頁74。

❽　見《文集》，卷42，＜性情＞，頁134。

❽　見《文集》，卷27，＜遊褒禪山記＞，頁165。

是故君子之學，始如愚人焉，如童蒙焉；及其至也，天地
不足大，人物不足多，鬼神不足為隱，諸子之支離，不足
惑也。是故天之高也，日月星辰陰陽之氣，可端策而數
也；地至大也，山川丘陵萬物之形，人之常產，可指籍而
定也。是故星曆之數，天地之法，人物之所，皆前世致精
好學聖人者之所建也。⑧⑨

這裡強調的是學，「及其至也」大約是學到博大精深的地步，則
如同文中所述幾乎無所不知了，所謂聖人的制作，也無非是「致
精好學」的成果，然聖人何以能夠如此呢？安石說：

萬物莫不有至理焉，能精其理，則聖人也；精其理之道，
在乎致其一而已。致其一，則天下之物可以不思而得也，
易曰：一致而百慮，言百慮之歸乎一也。苟能致一以精天
下之理，則可以入神矣，既入於神，則道之至也。⑨⑩

這是由《易・繫辭》「一致百慮」發揮引申之語。聖人致精好
學，則能精其理；因為天下萬物皆有其理，並非不能掌握的，精
理的奧妙在於「致一」，這個抽象而具有哲學形式的名詞，安石
並未加之說明，大約是歸之於一之理，雖殊塗百慮也可推得掌握
之意。但在方法上沒有具體而系統的說明，顯得有點空洞，只能
去體會其義了。不過若注意到「致精好學」，大體可以明瞭其主
旨。就觀察與經驗而言，《易・繫辭》中說包犧氏作八卦的情形

---

⑧⑨　見同⑧③，頁125。
⑨⑩　見《文集》，卷41，〈致一論〉，頁127。

是：

> 仰則觀象於天，俯則觀法於地，觀鳥獸之文，與地之宜，
> 近取諸身，遠取諸物，於是始作八卦。❾❶

這是直接觀察最好的說明，其中也難免有經驗的取用，所謂聖人制作遠古已有，孔子說「好古，敏以求之」，也正是「致精好學」的注腳。

經驗的學習都屬於後天，人的自然稟賦雖來自先天，如耳目思想等活動的能力，但稟賦是要善加運用，否則有負於先天。安石舉出方仲永其人的例子來作說明：仲永五歲時即有過人天賦，能作詩文，但家人未使之就學。仲永十二、三歲時，已不能像從前一樣作詩，及二十歲左右，則「泯然眾人矣」。安石以為仲永的天賦是「受之天」，但後來成極為普通之人，是未「受之人」，也就是後天未曾學習之故，以仲永之天才，因後天不學，都會成為普通無識之人，更何況天賦平平之人❾❷？

以後天的學習來充實人天性的稟賦，是安石特別注重之處。他不像張載提出「見聞之知」與「德性之知」的命題，但對這兩者都有所判別。前面所說的認知大部分應為「見聞之知」，關於「德性之知」，就〈禮樂論〉中可以看出的有❾❸：

1.賢者盡誠以立性者也，聖人盡性以至誠者也。

2.聖人內求，世人外求。內求者，樂得其性；外求者，樂得

---

❾❶　見孔穎達《正義》，卷8，頁4下。

❾❷　見《文集》，卷46，〈傷仲永〉，頁164。

❾❸　見同❾❸，頁122-126。

其欲。

3. 聖人之言，莫大顏淵之問，非禮勿視，……則仁之道，亦
　　不遠也。……不聽之時，有先聰焉；　不視之時，有先明
　　焉；不言之時，有先言焉；不動之時，有先動焉；聖人之
　　門，惟顏子可以當斯語矣。

4. 嗚呼！禮樂之意不傳久矣。天下之言養生修性者，歸於浮
　　屠、老子而已。浮屠、老子之說行，而天下為禮樂者，獨
　　以順流俗而已。

5. 夫顏子之所學者，非世人之所學，不遷怒者，求諸己；不
　　貳過者，見不善之端而止之也。

6. 言性者，莫先乎精。

第一段引文說「盡誠」、「盡性」，似取自《中庸》論誠、明的啓
發。「立性」為性的實現，要由「盡誠」，而能「盡性」則可以
「至誠」，賢、聖之不同，似有層次的不同，　如果以張載的「自
明誠」與「自誠明」來說窮理、盡性，是兩種不同的方法、活動
上的差異，而目標是一致的，　安石此處未能說清楚，　但已涉及
到主體的活動，　有心性論的傾向。在2.與5.中所言，在於「內
求」、「外求」不同，「內求」是求諸己，　止不善之端，這都是主
體的活動，其所依據為一種自覺性，或是良知、良能的直覺，並
不是靠著外求的「見聞之知」可以達到的，　所以在3.中說先聰、
先明、先言、先動等，就是據此主體性的活動而產生的，有如孟
子說：「萬物皆備於我矣。」（《孟子·盡心》上）是一種直覺的
知識論。6.中所講的「精」，是說「精者，　天之所以高，地之所
以厚，聖人所以配之」，　天地之理為聖人所能掌握，故可以「配
之」，　又說「明道」的次序是由性、身、天地而推展出來的，性

卽是由「精」而得，擧出造父精於御，后羿精於射，可知這「精」字是精專之意，透過精專的學習可以掌握一切，如前所說「致精好學」、「致一精理」的意思，《易》曰：「精義入神以致用，利用安身以崇德。」安石認爲專精於理，可以入神，入於神，「則道之至也」，這時就是「無思無爲，寂然不動之時」❾❹；精理入神的境界如此，然後可以致用於世。致用於現實的實踐效果，是從「安身」開始，然後尙需崇德，身安德崇，就是致用於天下之時。

安石在上面〈致一論〉中所說的「致一精理」與「安身崇德」是互相配合的，他說由身安崇德可以致用於天下，事業可說是完備了，但若事業備，而「神有未窮者」，就要以「學」來窮神，能窮神，則可以知微、知彰、知柔、知剛，皆「有以知之」，又回到精義入神的路子，「精義」與「崇德」應相爲表裡，不能只走其中一路，所以這二者的關係是：

> 語道之序，則先精義而後崇德，及喻人以修之之道，則先崇德而後精義。蓋道之序，則自精而至粗，學之之道，則自粗而至精，此不易之理也。❾❺

由精到粗的道之序，應是說由微小到博大，由粗至精的學之道，應是說由博而約。其次，「精義」、「崇德」看是兩回事，但「凡此宜若一而必兩言之」，是兩種不同的方法或工夫，但是有合一不分的完整性，所以稱之爲「致一」，若能致一，「則天下之物可

---

❾❹　見同❾⓪。

❾❺　見同❾⓪，頁128。

以不思而得也」，也就是「無思無爲、寂然不動之時」。這裡似乎
可推出安石所說的「精義」與「崇德」就是「道問學」與「尊德
性」的關係。安石說「正直」是中庸之德，「尊德性而道問學、
致廣大而盡精微、極高明而道中庸之謂也」❾❻。精義、崇德之後
可達到無思無爲的境界，如果說這是中庸之德，應不爲過。安石
說「言性，莫先乎精」，可以看成是由「精義」才能通到性的路
途，卽通過專精的學習才能夠實現性，也就是人的本性具有獲得
所學的各種能力，只要如造父、后羿一樣，求其精，則無不可
得，這樣所得的，等於是努力去學習卽能有成，充其量也不過是
如「見聞之知」的知識、才能而已。安石雖然屢費筆墨，反覆陳
述知識的獲得是具有普遍性的，凡人由「精」都可以允分發揮本
性所應得者，這就是「盡性」的一個方面的說法。然而安石也一
再強調「崇德」也是在於「盡性」，同樣都是「性」本身的事，
他說的安身崇德有其方法及重點，卽藏器於身，待時後動這兩
端，這像是個人修爲的境界，若非如此，就沒有致用於天卜之
時。在〈禮樂論〉中安石說:「儲精晦息，而通神明。」應該就
是呼應〈致一論〉裡的「精義崇德」之義。

在 4.說養生修性不特是佛、老之言，儒家亦有養修之道，就
是指禮樂而言，然禮樂之意，大而難知，故佛、老的養修之道較
易爲人所接受。在安石看來，儒家的禮樂並非虛文流俗，它的眞
義乃是「性」中之事，所謂「大禮與天地同節，大樂與天地同
和」，大禮是「性之中」，大樂是「性之和」，聖人知其理，故而
制禮作樂，爲的是「盡性」。養修爲佛、老所講究，儒家的禮樂

---

❾❻ 見同❽❹，頁112。

也是養修之道，但「同者，道也，不同者，心也」，禮樂是爲盡性，這就是心不同的地方，安石將儒家禮樂的精義有很正確的把握。不同之心，或者說「心異」，在安石的〈王霸論〉中是主要的論點，其詳見後政治思想部分。這個不同之心的「心」，當與「心性論」有關，未必是一般知識的獲得所能達到的。

安石有論聖人的〈大人論〉❾，他以爲由道而言稱之爲神，由其德而言稱之爲聖，由其事業而言稱之爲大人，實則三者爲一，所強調的主旨在於盛德大業，「仁而後著，用而後功」，就是孔子所言「顯諸仁，藏諸用」之意，以仁之德用於濟萬物而不窮，此是大業，亦即聖人之所爲。德業未必與知識論有關，不過將仁之德實踐於事業之中，提出對仁的認識，如同在其他地方屢屢言仁之德一樣，以仁爲「內求」，而存之於心，他說「智足以窮理，仁足以盡性」，「仁義爲之內」❾，仁義在心是常爲安石所強調的，窮理、盡性是智與仁可以達到者，而智與仁又如何可以爲窮理盡性？安石並沒有說明，但在說到仁、智之異同時倒可以作爲參考；他說：

> 仁，吾所有也，臨行而不思，臨言而不擇，發之於事而無不當於仁也，此仁者之事也。仁，吾所未有也，吾能知其爲仁也，臨行而思，臨言而擇，發之於事而無不當於仁也，此智者之事也。其所得仁則異矣，及其爲仁，則一也。❾

---

仁、智在行仁上其實爲一，不同的是有層次之異，所以得仁的過程不同。仁爲所固有，是種良知，則爲「盡性」，智者是「能知」仁，所以力求行仁，在言行時就能思擇，如同仁者不需要思擇一樣，都可以做到仁。那麼可以說仁者盡性爲仁，智者「能知」就是「窮理」也可以爲仁，則「窮理而盡性」或「盡性而窮理」，就仁而言當無不同。如果以前面所引〈禮樂論〉中「賢者盡誠以立性者也，聖人盡性以至誠者也」來看，將「聖人」換作「仁者」，則窮理以盡性的賢者與盡性以窮理（至誠）的仁者，類似張載所說自明誠與自誠明的關係了。這裡仍然涉及到主體活動與心性的問題，而非一般的經驗知識所能了解。

　　另外，安石著意地要以智、仁、聖分爲三個層次，以仁者是聖之次，智者是仁之次。智與仁爲仁則一，而所以得仁則異，聖人是能「盡」仁之道者，何以不稱爲仁而要稱之爲聖？安石說是「言其化也」，如不能化，就不算是盡了仁之道，舉出了顏回是仁者，但孔子才是聖人。大體上說能「化」就是將仁化及天下之意，孔子乃集大成而爲萬世法，以安石常用的話語來說是致用於天下，是德業之盛，與前面說的〈大人論〉相合。又安石在〈九卦論〉與〈行述〉中都提到「義命」的問題⑩，從他的論述中可以看出對此問題的充分了解。

　　安石以人的自然生理材質與心理的活動作爲認識的基礎，強調後天的學習，可以獲得普遍的知識，甚至於可以到達極高深的境界，而這些知識的目的在於致用。在另一方面，安石也注重崇德養性，以仁爲依歸，同時並以仁的致用於天下爲最高的理想，

---

⑩　見《文集》，卷41，頁128、129；卷42，頁137。

提出窮理盡性的說法。有經驗性的觀察、學習、思考，同時又有
先驗性的良知、直覺、至誠等心性論的色彩，這是安石的知識論
顯得較雜的地方。

# 第五章　王安石的文史經學思想

　　程頤說宋代的學者有文章之學、訓詁之學、儒者之學三種。所謂文章之學是指文學，訓詁之學是指經學，儒者之學則是儒家的義理之學，或者是性理之學。文學、經學、理學三種學術又可以總合於理學之中，要求得「道」就須在理學之中。大體上宋人都同意這樣的看法，不過在安石的時代，並不標榜理學之名，仍認爲都是儒學分內之事。程頤又復指出學者的三弊，一是溺於文章，二是牽於訓詁，三是惑於異端。溺於文章是指西崑體之類的文學，於是有古文運動的反動；牽於訓詁是指漢唐經學的舊注疏，於是有疑經、新義的反動；惑於異端是指佛老思想，於是有儒學復興的反動。在儒學復興的總目標上，文學、經學都歸之於其中，也都展開了新的氣象。

　　安石在這種宋學的氣氛中，不但受到很深的感染，而且奮力投入，崢嶸頭角之餘，他繼之成爲儒學復興的中堅。詩文並茂的安石，他在文學史上的地位深受世人所肯定，文學的作品及造詣，非一般學者所能及，而他的文學思想更可以代表古文運動的基本精神，並與他的「荊公新學」的理論相互發明。

　　「荊公新學」理論的特色在於經世致用，故而經學的研讀必不能守漢唐之說，擺脫訓詁，從舊注疏的牢籠掙扎出來，轉而由經學中求得義理，安石的「新經義」則爲最佳的代表，他同時倡

導此一新風氣，望人才可由其中培養出來，以爲天下之用。

安石是文學家、經學家，但非史學家，他不像他的反對者司馬光有《資治通鑑》之類的史學鉅著，也不易見到他對史學或歷史的言論，但他對歷史並非毫無看法，主要的看法是在於經世思想及哲學觀念的架構中顯現出來，時變的觀念、法古而勝古的觀念等，都可以表現出他的歷史思想來。

# 一、王安石的文學觀

## I. 文學成就

王安石不僅是出色的政治家和哲學家，同時還是他那個時代卓有成就的文學家。他與韓愈、柳宗元、歐陽修、曾鞏、三蘇並稱唐宋八大家，可見他的詩文創作頗受時人及後人的推崇。安石的文學觀念也是與他「荊公新學」的基本主張相輔相成的。其文字的基本精神是「務爲有補於世」。安石本人的詩文成就相當高，他不僅具有很強的駕馭語言的能力，而且他的文章有強烈的現實性。尤其是他的政論，文法結構平謹，說理透徹，語言簡潔，成爲後世政論文之典範。在詩歌方面成就也很高，不論寫實、詠史、寫景均內容充實，具有強烈的藝術感染力。安石的文采爲他的「荊公新學」增色不少，同時他在書法等方面的藝術造詣和觀點都對宋代美學的發展有一定影響。這裡主要以安石的詩、文來看他在文學上的觀點。

安石同時代的大文豪歐陽修在酬贈安石的詩篇中，曾把他比

作李白、韓愈，說「翰林風月三千首，吏部文章二百年」❶，可見安石的詩文成就在當時便是名滿天下的。

「務爲有補於世」是安石文學活動的根本精神，尤其是他的詩、文表現得更突出。安石一生寫過詩、文、書、表、啓、傳、詔、誥、記、序及雜著上百萬字，除詩外，他的文章大部分都不屬於文學作品，而屬於政治和學術論說文。這些文章的寫作意圖本在說理，議論成分多，故而很容易成爲枯燥無味的東西。但安石卻以他卓越的文章寫成散文般地優美，寓理於韵之中，寓教於樂之中，〈遊褒禪山記〉、〈傷仲永〉成爲歷代文人後學詠讀的佳作。即使是像〈上仁宗皇帝言事書〉和〈答司馬諫議書〉這樣的直接爲變法申述，具有強烈現實性，表現其「起民之痛，治國之疵」的政治抱負的文章，也寫得文采飛揚，顯示出極強的駕馭語言的能力，和利用文字形式來爲政治服務的水平。在表現形式上，王安石繼承並發展了傳統的政論文，不論長篇還是短製，結構都很嚴謹，從不拖泥帶水；語言樸素簡潔，概括性極強，表現了《文心雕龍》中關於論說文的「義貴圓通，辭忌枝碎。必使心與理合，彌縫莫見其隙；辭共心密，敵人不知所乘」❷的特點。此外，安石還寫過不少千古傳誦、膾炙人口的小品文，如〈書刺客傳後〉、〈讀孟嘗君傳〉等，這些評論歷史人物的作品，筆力雄健，富有感情，文風峭刻，從中我們可以體會到他那種剛毅果斷的政治家風度，以及雍容儒雅的藝術家的氣質。

安石的詩歌成就與其文並駕齊驅。他的詩作，無論寫實、詠

---

❶　見《居士外集》，卷7，〈贈王介甫〉，收在《歐陽修全集》，頁395。

❷　見劉勰《文心雕龍》，〈論說第十八〉，頁131。

史，還是寫景、抒情，皆內容充實，文辭優美，具有動人的藝術感染力。他的反映現實的作品，涉及的生活面很廣，既有反映田園生活的作品，　同時大部分則提出了許多重大而艱難的社會問題。像〈感事〉、〈兼併〉、〈省兵〉等作品便是從政治、經濟、軍事等各方面來描寫宋代國勢的積弱和內政的腐敗。如他的〈河北民〉一詩，其中說：

> 家家養子學耕織，輸與官家事夷狄。今年大旱千里赤，州
> 縣仍催治河役。老小相攜來就南，南人豐年自無食。悲愁
> 白日天地昏，路旁過者無顏色，汝生不及貞觀中，粟斗數
> 錢無兵戎。❸

短短的筆墨將宋代統治者的失政和民不聊生的慘狀如實地描繪了出來，字裡行間流露出詩人的激憤心情。王安石的寫實詩，敢說眞言，敢於刺政，他的〈收鹽〉寫官逼民反的事實，〈歎息行〉明顯地對被鎮壓的反抗者表示同情，而〈桃源行〉中則表現了他的審美理想，就是希望找到一個「兒孫生長與世隔，雖有父子無君臣。漁郎漾舟迷遠近，花間相見因相問」❹ 這樣的理想社會。安石還寫過不少詠史詩，他通過對於歷史人物和事件的功過得失的評價，抒發了他自己的政治見解和抱負，其中有不少新穎的見解。如：對商鞅這位歷來被大部分人所痛惡的改革先驅，安石則在詩中表現出了對他的尊重，「自古驅民在信誠，一言爲重百金

---

❸　見《箋註王荆文公詩》，卷21，頁8下、9上。
❹　見《王安石全集》，《詩集》，卷4，頁25。

輕。今人未可非商鞅，商鞅能令政必行」❺。而對於他最推重的孟子，他寫到「沉魄浮魂不可招，遺編一讀想風標。何妨舉世嫌迂闊，故有斯人慰寂寥」❻。他如秦始皇、司馬遷、漢武帝、子貢、揚子、韓非、蘇秦、張良、韓信、范睢、伯牙、曹參、謝安、李白、杜甫，他都曾寫過誦頌的詩文，儘管這些詩有些失之太直露，不甚耐人尋味，但卻是他心靈的自白。在詠史詩中，描寫王昭君的〈明妃曲二首〉，刻畫細膩，感情真摯，淒惻動人，在宋詩中也極負盛名。安石不僅突出地表現了王昭君的不幸，也諷刺了皇帝的昏庸，並且托古喻今，唱出了他自己在政治上的鬱鬱不得志，「君不見咫尺長門閉阿嬌，人生失意無南北」❼，「含情欲說獨無處，傳與琵琶心自知」❽。

安石大量的詩作是寫景詩，尤其是他在二次罷相之後，閉門隱屑，寄情於山水之間，因而，他的詩風也發生了變化，詩歌內容由政治詩轉向藝術詩，由寫實發疾轉為寫景抒情，這些詩藝術成就很高，歷來備受美學家及文學理論家推崇。其中不少名篇成功地表現了大自然的美，能夠激起人們對於生活的熱愛，在藝術上，尤其詩歌語言上已達到了爐火純青的境界，如〈江上〉：「江北秋陰一半開，晚雲含雨卻低回。青山繚繞疑無路，忽見千帆隱映來。」❾又如〈泊船瓜州〉：「京口瓜州一水間，鍾山祇隔數重山；春風自綠江南岸，明月何時照我還。」❿安石還有不少

---

❺　見《詩集》，卷32，頁213。

❻　見同❺，頁212。

❼　見《詩集》，卷4，頁24。

❽　見同❼，第二首。

❾　見《詩集》，卷30，頁199。

❿　見《詩集》，卷29，頁192。

詠物詩，如花、鳥、風、竹等，也頗雅致。安石詩作的精工巧麗，貼切動人，源於他的細緻觀察、巧妙修辭、格調高雅而來，其詩題材豐富，近體多於古風，詩意頗能別出心裁 ⑪ 。

## II. 致用的文學觀

王安石論文以適用爲本，以禮法爲準，強調內容而不忽略形式，要求二者的統一。他既鄙薄與世無補的章句，又不同於道家的重道輕文，在文與道的關係上有其獨立見解。安石的〈上人書〉是集中反映他的文學主觀的論文。他在其中說：

> 所謂文者，務爲有補於世而已矣；所謂辭者，猶器之有刻鏤繪畫也。誠使巧且華，不必適用，誠使適用，亦不必巧且華。要之以適用爲本，以刻鏤繪畫爲之容而已。不適用，非所以爲器也，不爲之容，其亦若是乎？否也。然容亦未可已也，勿先之，其可也。 ⑫

安石以這種觀點來評價古人之文字作品，對李白與杜甫這兩位前代詩壇巨匠，安石從自己的文學觀出發推杜甫而貶李白，儘管他對李白的卓越才華也加以肯定，但認爲李白之詩無甚思想內容：「平生志業無高論，末世篇章有逸才」⑬ 。而對於杜甫，安石不僅稱讚他具有巧妙地刻畫萬事萬物的「醜妍巨細」的藝術才能，而

---

⑪ 關於安石之詩，可參看陳鏵《王安石詩研究》。

⑫ 見《文集》，卷33，〈上人書〉，頁48。

⑬ 見《詩集》，卷19，〈和王微之秋浦望齊山感李太白杜牧之〉，頁120。

且竭力推崇他的詩篇具有「有補於世」的思想內容。在〈杜甫畫像〉中他寫到：

　　吾觀少陵詩，為與元氣侔。力能排天斡九地，壯顏毅色不可求。浩蕩八極中，生物豈不稠？醜妍巨細千萬殊，竟莫見以何雕鎪。惜哉命之窮，顛倒不見收。青衫老更斥，餓走半九州。瘦妻僵前子仆後，攘攘盜賊森戈矛。吟哦當此時，不廢朝廷憂。常願天子聖，大臣各伊、周。寧令吾廬獨破受凍死，不忍四海赤子寒颼颼。傷屯悼屈止一身，嗟時之人死所羞。所以見公像，再拜涕泗流。惟公之心古亦少，願起公死從之游。❹

安石之所以如此推崇杜甫，完全在於他的詩歌符合關於「有補於世」的文學理想，故而古詩中尤愛老杜❺。

　　安石的文學觀與其政治哲學相關，同時繼承了正統的「文以載道」的儒家觀點。在他看來，一個人真正能夠成為對社會有利的聖賢之人，本不應該專事於文辭，他曾在〈答姚闢書〉中說：「夫聖人之術，修其身，治天下國家，在於安危治亂，不在章句名數焉而已。」❻ 從這種觀點出發，他還將詩歌等的創作視為事業，他一生之中寫下了詩歌千餘首，可是他對此也曾有後悔之意，在《唐百家詩選‧序》中說：

❹　見《詩集》，卷9，頁51、52。

❺　見《文集》，卷25，〈老杜詩後集序〉，頁150。

❻　見《文集》，卷31，頁35。

> 余與宋次道同為三司判官時，次道出其家藏唐詩百餘編，
> 諉余擇其精者，因名曰《百家詩選》，廢日力於此，良可
> 悔也。……⑰

但他並沒有就將詩歌視為雕蟲小技而輕視，相反地，既然為文做
詩，就應該將詩文作為「載道」、「傳教」的宣傳工具，正因為如
此，他對當時詩坊上流行的西崑體詩的無病呻吟頗為不滿，在
〈張刑部詩序〉中他寫道：

> 刑部張君詩若干篇，明而不華，喜諷道而不刻切，其唐人
> 善詩者之徒歟？君並楊、劉，楊、劉（指西崑體詩人楊
> 仁、劉筠）以文詞染當也，學者迷其端原，靡靡然窮白力
> 以摹之，粉墨青朱，顛錯叢厖，無文章黼黻之序；其屬情
> 藉事，不可考據也。方此時，自守不污者少矣；君詩獨不
> 然，其自守不污者邪。⑱

對於文字內容與形式的關係，安石雖然承認二者應並行不
廢，但從他的整個觀點來看，他是重內容，而輕形式的。內容是
文章之本，形式只是文章之客，有客無體的詩文（如西崑體）是
不值一提的。但是客雖不可無，卻不能先於本。由此可見，在王
安石那裡文學藝術的藝術性首先要體現其社會性，文學如果脫離
了現實生活，缺乏實實在在的內容，即使其文辭再優美，藝術性
再強也是失敗的。正因為如此，他對於李白的看法與他人不同，

---

⑰　見《文集》，卷25，頁152。
⑱　見同⑰，頁154。

對他的詩作也並不特別重視，評價不高。在歷代詩人中，他完全
給予肯定評價的唯杜甫一人。此外，他最看中的便是儒家經典
《詩經》了，這是因為，安石視《詩經》為一部「上通乎道德，
下止乎禮義」的教課書，它具有「君子以興、聖人以成」而成德
達材的教育作用。此外，《詩經》還具有美刺褒貶政治的作用，
它能夠「序善惡以示萬世」，使「亂臣賊子知懼而天下動」。這顯
然符合安石的務為有補於世的要求，所以安石花很大功夫與其子
對它進行注釋疏解，使之成為天下後學的典範。對《詩經》中的
各篇解釋，他也繼承歷來儒家傳統，在講解〈國風〉時，他特別
強調其美刺作用，他說：

> 今於獨刺美序之，何也？曰：昔者聖人之於詩，既取其合
> 於禮義之言以為經；又以序天子、諸侯之善惡而垂萬世之
> 法。❿

安石對於從漢代以來一直流傳的〈詩序〉採取肯定的態度，鞏固
了其釋《詩經》的權威地位，從而也為自己的詩說樹立了根據。
安石盛讚《詩經》的另一理由是認為「《詩》、《禮》足以相
解」，即認為《詩》可以解《禮》，《禮》也可以解《詩》。
《周禮》是儒家倫理綱常的「法度」，也是它的原本，《詩》通
過藝術的語言、形象的描述，體現了《周禮》之義，而且它易於
使人理解、接受，寓教於樂，所以備受安石的欣賞與重視。

---

❿ 見邱漢生《詩義鉤沈》，頁7。

## 二、王安石的歷史觀

### I. 主變與趨時

王安石以其樸素的直接法觀察歷史，因而形成了他的主變歷史觀，不過，在這方面，安石多少接受了先秦法家商鞅、韓非以及東漢王充等人的思想影響。這裡主要由其史觀與現實實踐上作大略的說明。

社會歷史是復古倒退還是前進創新？是今勝於古還是古勝於今？在這個問題上，歷來存有兩種相當對立的觀點。作為社會改革家的安石，基於自然界和人類社會普遍存在著「新故相除」的規則的認識，相當明確地主張歷史是前進的，是今勝於古的：

> 太古之人，不與禽獸朋也幾何？……太古之道果可行之萬世，聖人惡用制作於其間？必制作於其間，為太古之不可行也。⑳

安石根據歷史進化的觀點，非議那些「俗人賤今常貴古」㉑ 的人們，不過是一批庸夫俗子，而且斥責那種妄圖「歸之太古」的思想和行為，「非愚卽誣」，這是對復古或守舊派的有力抨擊。

安石反對復古倒退，同時又必然要反對摒棄知識的求進步的任何趨向，老子曾主張絕聖棄智，他批評老子，說是「不察於

---

⑳ 見《文集》，卷44，〈太古〉，頁149。
㉑ 見《詩集》，卷9，〈揚雄二首〉之二，頁49。

理，而務高之過矣」❷。如果不要知識，不要學問，人類就會返回到禽獸一般的生活狀態中去，其道理是十分的明白。他又反對割斷歷史去觀察社會，執政者能「趨時應變」、「趨時救弊」是很重要的。社會在變，人的才幹在於「適時」、「逮時」，因歷史發展有其延續性，又有其整體性，若不通古今，就不能「趨時應變」，不能「趨時救弊」，就算是「才不逮時」、「終無運時之才」，無法完成一個執政者應該擔負起的歷史使命。

安石看到，在社會的進程中，變是不可遏止的，隨著歷史上朝代環境的變更，政策、法令、制度等也都在變，「夏之法至商而更之，商之法至周而更之」，只要這些變更「皆因世就民而爲之節」❷，就都是正常情況。而天道尚變，人道尚占❷，天道爲自然，人事則觀察、推測其中的各種變化，「後之世變秦之制，郡天下而不國，得之矣，聖人復起不能易也」❷，這裡就是說因爲郡縣制符合客觀歷史發展環境，它促進了社會歷史的進步與國家的統一。觀察到這種變化，就有新的制度產生，誰也不能阻擋。

社會歷史是前進創新的，社會意識也是創新發展的：

　　昔者道發乎伏羲，而成乎堯、舜，繼而大之於禹、湯、
　　文、武。……而又有在下而繼之者焉，伊尹、伯夷、柳下
　　惠、孔子是也。……蓋聖人之心不求有爲於天下，待天下

---

❷　見《文集》，卷43，＜老子＞，頁142。
❷　見《文集》，卷24，＜策問＞八，頁146。
❷　見《文集》，卷38，＜河圖洛書議＞，頁96。
❷　見《王文公文集》，卷30，＜周秦本末論＞。

之變至焉，然後吾因其變而制之法耳。至孔子之時，天下之變備矣，故聖人之法亦自是而後備也。……故其所以能備者，豈特孔子一人之力哉？蓋所謂聖人者，莫不預有力也，孟子曰：孔子集大成者，蓋言集諸聖人之事，而大成萬世之法耳，此其所以賢于堯、舜也。㉖

謂「至孔子之時，天下之變備矣」，是就歷史發展至孔子時，舊的制度已走到了盡頭，社會出現新情況，歷史發生新的轉折。謂孔子爲「集大成」者，集的乃是伏羲、堯、舜、禹、湯、文、武、伊尹、伯夷、柳下惠等人之思想之大成，「大成萬世之法」，是謂以往聖人思想的總概括，非謂萬世不變之法度也。由於社會歷史的發展由低而高，那麼與之相適應的人類知識的發展亦當是由低而高，安石所說「孔子賢於堯舜」、今人勝於古人的論斷，在這方面而言無疑是正確的。到孔子時，人類的知識並沒有發展到盡頭，後聖依舊要不斷地「通其變」。謂「聖人之心不求有爲於天下」，任其社會歷史的自然發展，是老子的思想，謂聖人無不是「待天下之變至焉」，倒有不違背客觀環境之意。之後「因其變而制之法」，即隨著客觀歷史之實際，制定出符合需要的法令制度，它有著強烈的時代性。

安石曾以伊尹、伯夷、柳下惠爲例說明社會意識，它隨著歷史的創新而不斷地發展，到孔子之時代，孔子根據客觀實際，取捨三人的思想，提出「可以速則速，可以久則久；可以仕則仕，可以處則處」㉗，這樣的做人處世原則，就是說應該做官就做

---

㉖　見《文集》，卷42，〈夫子賢於堯舜〉，頁131。

㉗　見《文集》，卷39，〈三聖人〉，頁100。

官，不當做官就不做官，此有別於伊尹、伯夷、柳下惠的做人處世原則，孔子注重「可」字，而可的靈魂是個「時」字，從「時」出發，卽不滯於一偏，又不否定一切，而是「因時之偏而救之」，拋棄不實際的東西，形成自己的思想。沒有前者提供思想資料，就不可能有後者之「集大成」，沒有後者的「集大成」，則聖人的思想將流於一偏。

　　根據對歷史發展的觀察和分析，安石以爲過去的舊法、舊章未必盡善適用，因此要「權時之變」，變革現實，反對因循守舊，「可革則革，不足循守」，在政治上這就與以司馬光爲代表，「謹守祖宗之成法」派的因循保守思想發生了衝突，而安石指出：

　　　如聖賢之道皆出於一，而無權時之變，則又何聖賢之足稱乎？聖者，知權之大者也；賢者，知權之小者也。❷⁸

權變有所不同，不同在於「迹」，但「道」可同。時代之不同就要懂得權變，知道應對，應對權變，才能推動歷史發展，這是以往「聖人」所走過之道路，反之，若因循苟且逸祿而無爲，可以僥倖一時，但不可以曠日持久。

　　爲了變革現實，安石指出了在「法先天之意」的原則下，去制定一些適合時代需要的法度，不是認眞的要復先王之制，而是以此反對那些「貴古賤今」的盲目復古之議者，因爲這些人只知盲目地追隨古人，不懂得變更，結果成所同者是古人之迹，而所

---

　　❷⁸　見《文集》，卷44，〈隱祿〉，頁147。

異者其實也，反而是道異而迹同，只看到表面的模樣，其實則根本不同道。

自西漢董仲舒指出「天不變，道亦不變」的口號以來，這種「天人合一」、「天人相應」的神祕主義的天命觀，幾乎全面統治了整個思想界，雖然經過王充以及後來如柳宗元等人的批判。在王安石所處的時代，情況亦正是如此，天命論仍然支配著北宋許多守舊士大夫的心靈，司馬光正是其中典型的代表。他以爲「天者，物之父也，父之命子不敢逆，君之言臣不敢違」，又說「智愚勇怯，貴賤貧富，天之分也」❷，在這種天命的思想支配下，司馬光在歷史面前有一種渺茫感，主張維護所謂「禮制」而使世俗安於所司。而安石的歷史觀，完全反駁了司馬光的守舊派，爲變法提供了理論依據，對當時及後世均產生了重大影響❸。

## II. 君子與小人在歷史上的作用

中國古代思想家通常從道德或智力的角度，把人分爲君子與小人兩大類，從而進一步解釋各種社會現象，安石繼承了這一思想傳統，他說：「君子以類族辨物，族各有其類，物各有其辨，則君子小人見矣。」❸ 這就是君子、小人各有其類。在安石的著作中，還可以找到他對人分類的其他看法，這些方法或者最後總要歸結爲君子與小人，或者以君子和小人之畫分爲依據，如按天

---

❷ 見《溫國文正司馬公文集》，卷74，＜迂書・士則＞。

❸ 關於王安石的史觀與施政上，可參看谷齋光＜試論王安石的歷史觀與其經濟改革＞。

❸ 見《文集》，卷40，＜易象論解＞，頁119。

資，則安石把人分爲「出中人之上者」、「中人」、「出中人之下者」，但他以爲「出中人之上者，雖窮而不失爲君子」；「出中人之下者，雖泰而不失爲小人」；「中人」則「窮則爲小人，泰則爲君子」⓷。因此，這三種人最後還是要分化爲君子和小人兩大族類的。

君子和小人各指著何種人 ？ 安石對他所說的君子做出了解釋：

> 天子諸侯謂之君，卿大夫謂之子，古之為此名也，所以命天下之有德。故天下之有德，通謂之君子；有天子諸侯卿大夫之位，而無其德，可以謂之君子，蓋稱其位也，有天子諸侯卿大夫之德，而無其位，可以謂之君子，蓋稱其德也。⓸

這就是說，確定什麼人是「君子」有兩種標準，一是地位，凡居於天子、諸侯、卿、大夫之位的統治階層，都可稱作「君子」；一是道德，凡是具有天子、諸侯、卿、大夫之德的人，無論其是否屬於天子、諸侯、卿、大夫之位，都可以稱作「君子」。安石雖然以爲畫分君子有兩個標準，但從他的話來看，雖然是傾向於以爲具有「天子諸侯卿大夫之德」的人，無論是否在其位，才是眞正的君子。安石並沒有爲小人作出定義，但什麼是小人，可以從他對君子所做的界說中推斷出來，所謂小人，就是無「天子諸侯卿大夫之德」的人。

---

⓷　見《文集》，卷１，＜上仁宗皇帝言事書＞，頁６。

⓸　見《文集》，卷26，＜君子齋記＞，頁157。

因此，所謂君子和小人，一指「有德」，一指「無德」，而「有德」和「無德」的根本分界，在王安石看來，就在於一個人「情動」是否「當於理」以及能否認識「道」,「君子之所以爲君子，莫非情也；小人之所以爲小人，莫非情也」⑭；這也是他人性論的說法，卽君子是養性之善，而小人則養性之惡。「由於道，聽於命而不知者，百姓也，由於道，聽於命，而知之者，君子也」㉟。在前一段的引文是說「情動」是否「當於理」，爲畫分君子和小人的根據；後一段引文是說，能否認識「道」，是區別君子和小人的根據。

按照一定的道德標準把人分爲君子和小人兩大類，這在人類認識史上具有一定的價值，因爲它不失爲認識人的一個角度。然而何以天子、諸侯等就是「有德」者？安石並未加之論析，又古之「有位」者必然有其「德」乎？而且，作爲統治階層思想家的安石在這用道德標準來畫分君子與小人時，也不無偏見，承認無德而有位的君主、卿、士大夫爲君子，便是典型的一例。因此，在安石對人所做的畫分中，君子總是較多地給予統治階級，而小人則少加思考地給予了被統治者，這也是古代統治階層常顯見的心理特徵。

安石把人類分爲君子和小人兩大類之後，便以之解釋社會歷史的某些現象，他認爲，在一個理想的社會裡，理應是有「天子、諸侯、卿、大夫之德」的人，居於「天子、諸侯、卿、大夫之位」，統治那些無「天子、諸侯、卿、大夫之德」的人，「以賢

---

⑭ 見《文集》，卷42，〈性情〉，頁134。

㉟ 見《文集》，卷40，《洪範傳》，頁108。

治不肖，以貴治賤，古之道也」[36]。由於安石認爲，人們在社會上的各種不同地位，是因其道德和智力上的不平而決定的，所以，每個人都不得逾越，他說：

> 若夫貴賤則有常分矣，使自公侯至於庶人皆慕貴欲其至，
> 而不欲賤之在己，則凌犯篡奪之行日起，而上下莫安其命
> 矣。[37]

這就是說，小人應安於自己的貧賤地位，盡其本分而已，否則天下之人皆爲其所欲，將使社會秩序大亂。

安石所謂「賢治不肖」是其理想，因賢與不肖是事實上存在的，若眞能選賢與能，則以賢能治理天下，應屬合理，而「治」可以看成是「管理」，則賢者來管理國家、社會，應無可指責，賢者成爲天下社會的領導者，因此，「治不肖」也就是爲「不肖」的普遍民衆而「治」。在「管理」上而言，自需制禮作樂，乃至於律令法條，否則「常分」何以守？統治階層卽管理階層，這個階層在安石看來應是「有德」的君子，社會歷史的過程也應是「賢治不肖」。但他也看到歷史的發展中並不是按此理想模式進行的；由於某些原因，君子並不永遠屬於「天子、諸侯、卿、大夫之位」，無「天子、諸侯、卿、大夫之德」的小人，反而往往居於其位，安石稱這種情況爲「僭忒」[38]。就是僭位而不安穩，因此，實際的歷史發展並不總是君子統治小人，而是君子和小人力

---

[36]　見《文集》，卷38，〈諫官論〉，頁96。

[37]　見同[35]，頁118。

[38]　見同[35]，頁114。

量「相爲消長」，他以爲，君子和小人的力量「相爲消長」的情況有三種：一是賢者貴而不肖者賤，賢者進而不肖者誅；二是賢者賤而不肖者貴，賢者退而不肖者進；三是賢、不肖或進或退，或賤或貴。在安石認爲，第一種情況，卽君子力量長而小人力量消，就是「堯舜之世」；第二種情況，卽小人力量長而君子力量消，就是「桀紂之世」；第三種情況，卽君子和小人力量相當，就是「漢魏而下」之世[39]。若照安石所列舉的上述三種情況而言，表明他在一定程度認識到了歷史發展的曲折性。造成這三種情況是因爲「天人之道」的悖合所致，安石以爲賢治不賢，故宜貴，不賢宜賤，這是天之道，但「擇而行之者，人之謂也」，天人之道合、悖、合悖相半，就造成這三種歷史上的現象。人時往往不能合於天命，故而君子要修身以俟命，守道以任時，也就是爲己、盡性了。

關於歷史的推動發展上，安石提出了「聖人發展論」，他力圖把人類物質文明史，當作是聖人的發明制作史，他說：「太古之人，不與禽獸朋也幾何？聖人惡之也，制作焉以別之。」[40] 又說：「古之時，禽獸嘗偪人矣，聖人教之田罟，則亦以除患故也。未知火化，非所以養生；修火之利，則使之免死。」[41] 依此，這樣就把人類祖先在大自然社會中的集體發明創造，說成是少數「聖人」的制作。

其次聖人還是人類精神文明的創造者，人類社會規範的制定者，「星曆之數，天地之法，人物之所，皆前世致精好學聖人

---

[39]　見《文集》，卷45，〈推命對〉，頁158。

[40]　見同[20]。

[41]　見《周官新義》，卷 3，頁33。

者之所建也」⑫。又指出禮、樂、刑、政四術，也是聖人所制，他說：「故昔聖人之在上，而以萬物爲己任者，必制四術焉。」⑬由於聖人完成了禮、樂、刑、政，人類「放僻邪侈」的天性受到約束，成了知道禮義廉恥的人，這就是文明的進步，歷史的發展。

　　總之，無論是物質文明，還是精神文明，在王安石看來，都是聖人的「創作」，聖人既然有如此大的作用，也就決定著歷史的發展。例如他在〈太古〉中曾描述過因聖人的發現和制作而發生的一次使人類擺脫禽獸狀態的歷史性進步，但這僅是一段歷史時期的現象，隨著聖人的殞沒，歷史發展便發生逆轉，其情況是：

> 下而庶於後世，侈蒙衣，壯宮室，隆耳目之觀，以嚣天下，若臣、父子、兄弟、夫妻，皆不得其所當然；仁義不足澤其性，禮樂不足鋼其情，刑政不足綱其惡，蕩然復與禽獸朋矣。⑭

從「與禽獸朋」到與禽獸「別之」，是歷史的進步，但從與禽獸「別之」又回到「復與禽獸朋」，則是歷史的倒退，歷史的發展就這樣隨聖人的出現與殞沒而轉移。再如春秋時期，孔子一生雖栖栖惶惶奔走於諸侯之間，未能執政，因而未能實際促成一次歷史進步，但孔子卻從觀念上把人類社會推向盡善盡美的境界。安

---

⑫　見《文集》，卷41，〈禮樂論〉，頁125。
⑬　見《文集》，卷43，〈老子〉，頁142。
⑭　見同⑳。

石說:「至孔子之時，天下之變備矣。 故聖人之法亦自是而後備也。」❹但是自秦朝以後，不再有聖人出世， 歷史發展也隨之發生逆轉了。

安石把少數聖人抬上歷史創造者的地位，而參與創造歷史的廣大平民卻只是聖人發明創造的受惠者，是聖人發明了田罟、用火、天文、曆法，然後教給平民群眾，平民群眾在創造發明方面是沒有地位的。值得注意的是，安石有時也有限度地承認平民群眾的作用，他認為「民別而言之則愚， 合而言之則聖」，他如此看待平民大眾的理由是「大抵民利害加其身則當自知，且又無私情，其言必應事實，惟士大夫或有情， 則其言不應事實也」❹，安石認為「合而言之則聖」， 是抽象而籠統的承認一般群眾對歷史發展亦有其推動作用，但其前提仍為聖人推動歷史的發展，一般群眾只是作為聖人推動歷史發展的一種重要力量。安石由於受到當時時代的限制，及傳統思想的影響，不可能把一般群眾當作歷史之主要動力。

## 三、王安石的經學研究

### I. 治經方法與其思想

北宋以前， 自漢唐以來學者治經多採取章句訓詁注疏的方法，不僅學風煩瑣，而且忽略了經典的微言大義。北宋自劉敞開始改變這種學風。王安石治經或許受到劉敞之影響，注重義理，

---

❹　見同❷。

❹　見楊仲良《通鑑長編紀事本末》，卷68，＜青苗＞。

進而由於他的地位和權力，將「今文經學」推向發展的高潮。安石的《三經新義》是「荊公新學」的核心內容。自熙寧變法開始，《三經新義》便頒行於太學，後來科舉取士也以此爲部分依據，這在當時的影響不能說不大，尤其是這種新的治經方法對後世經學的發展有不可磨滅的貢獻。治經方法的提倡，是爲開新風氣，欲掃過去傳統之受讀經書，而其目的爲培養新人才；前面引安石〈上仁宗書〉中已有說明，故治經方法的提倡，背後仍有其思想性的。

(一)訓釋經文

　　王安石進行改革變法不僅在政治、經濟乃至軍事上實行新法，而且注意從思想上改革人們的觀念，從而能夠使他的「荊公新學」思想成爲正統思想，達到「一道德以同天下之俗」的目的，以保證新法能夠得以長久實行。正因爲如此，安石當政後，便在朝廷設置經義局，開始重新訓釋經文。據載，熙寧八年（1076）六月，當安石將其主持編注的《三經新義》進呈神宗時，神宗曾對他說：「今談經者言人人殊，何以一道德？卿所撰經義，其以頒行，使學者歸一。」[47] 於是將新注三經頒於學官，正式稱爲《三經新義》，安石等人還爲其作序。安石在《周禮義序》中說：

　　　　其人足以任官，其官足以行法，莫盛乎成周之時；其法可施於後世，其文有見於載籍，莫見乎《周官》之書。[48]

---

[47]　見《長編》，卷229，神宗熙寧五年，頁5上。
[48]　見《文集》，卷25，頁147。

可見，他之所以要重新訓釋經義，其主要目的不在於斤斤於經書之章句考證，而是要宏揚周之法、文，使後世之人能夠了解盛朝的法律和政道、倫理與綱常，從而起到一天下之道德的政治目的。儘管，王安石訓釋經義是「醉翁之意不在酒」，而他也不是專門從事治經的經學家，但是由於他是當朝宰相，因而使這次訓釋經義活動成為官方組織的大規模的訓釋儒家經典的運動。在這一運動中，除了《三經新義》外，還出現了一大批對於儒家經典以新法重新訓釋的著作。《宋元學案》中說：「荊公又嘗與陳用之，許允成解《論》、《孟》。」又說：「《爾雅》成于陸氏（指陸佃），而以其餘為《埤雅》，既博且精。」「而《禮記》之方（指方愨）、馬（指馬晞孟）數家，亦秉荊公之意而為之，至今《禮記》注中不能廢。」❹

王安石的影響在他罷相後仍然存在，哲宗時代又出現石祖禹、崔子方等經學家，都是以新法解儒家經典的經學家。由於王安石訓釋三經，其內容完全拋棄先儒的傳注，並且他不重《春秋》，因而，從此開始，經學家打破以往就經義本身潛心研究的傳統，而倡導一種獨創義理的學風。王安石不僅是這種轉變的典型代表，而且對他同時代的其他政治家造成重大影響，像輔政於仁宗、英宗、神宗、哲宗四朝的名臣呂公著，北宋著名學者官吏范鎮，都受其一定影響，儘管這兩個人均是王安石的政敵司馬光的知己，但在經學上也不能完全否認王安石的貢獻。

王安石倡導的重義理、輕訓詁的治經方法形成了一種不同於「古文經學」的「今文經學」，它對於義理之學的發展起了開先

---

❹　見《宋元學案》，卷98，頁17上、下。

河之作用。

(二)以經術造士

　　王安石當政之前，北宋仍延續以往的以詩賦取士制度和設置明經科，使「策進士」和「策經學者」把章句聲病、苟尚文辭作爲學問的主要內容。安石批評這種取士方法是「徒以記問爲能，不責大義」⑩，其造成的結果是：

　　大則不足以用天下國家，小則不足以爲天下國家之用。故雖白首於庠序，窮日之力，以帥上之教，及使之從政，則茫然不知其方者，皆是也。⑪

在安石認爲，北宋的教育完全學非所用，用非所學，對此必須加以改革，用可以爲「天下國家之用」的切實學問代替「章句聲病」之學，這就是「經術」，而安石所說的「經術」是另一種能夠經世致用的「經術」，是闡明義理的經術，實際上就是以其《三經新義》爲代表的「今文經學」。安石提出「以經術造人材」，在教育中貫徹「專意經義」的方針，從而在知識分子中培養起重義理、輕傳注的學風。安石認爲，以經術造人材是一件一舉三得之好事。其一，可以培養出有處理實際事務能力，不至於臨陣茫然不知其方的官吏，「一旦國家有大議論，立辟雍明堂，損益禮制，更著律令，決讞疑獄」，這些人能夠「以古今參之，以經術斷之」⑫；其二，以經術造士可以達到「一道德以同天下

---

⑩　見《文集》，卷44，＜取材＞，頁152。

⑪　見《文集》，卷1，＜上仁宗皇帝言事書＞，頁5。

⑫　見同⑩。

之俗的目的」；其三，用他自己充滿革新精神的「經術」，作爲教育後學的唯一教材，還可以培養出能爲變法之基本幹部，以及善於理財、可以爲天下國家之用的棟樑之材。

安石提出以經術造士，在當時雖然改變了以往經學研究沉悶的章句訓詁的風氣，開創獨研義理的新的治經方法，並將其納入教育體制之中，使其成爲爲國家培養人材，爲改革積蓄力量的方式之一，具有很重要的現實意義及學術研究中的歷史意義。但是安石因此而把「經術」作爲唯一有用的學問，將藝術、科技都斥爲「無補之學」，這顯然失之偏頗。此外，他利用權勢，將其他一切不符合儒家思想的學術也排斥在人們學習對象之外，實際上是變相地將人們的思想束縛起來，因而連對他頗爲崇仰的梁啓超也說：

> 考荆公平日言論，多以一學術爲正人之心之本，則史所云云，諒非証辭。此實荆公政術之最陋者也。蓋欲社會之進化，在先保其思想之自由，故今世言政治者，無一不以整齊畫一爲貴，而獨於學術則反是。……自漢武帝罷黜百家，而中國學術史上，光耀頓減。以荆公之賢，而獨蹈斯故智，悲夫！ ❺

## (三)變帖經爲墨義

北宋沿襲唐朝明經科考試採取的「帖經之法」，其大致方法是，試卷問，「××著作」，「作者七人矣，請以其名對」，應試舉

---

❺ 見梁啓超《王荆公》，頁114。

子便對曰:「七人是××、××……。謹對」;　試卷又問:「請以
注疏對」,舉子便又對曰:「注疏曰:××。謹對」。這種考試方
法,迫使應試學子將精力專注於章句注疏的死記硬背之中,而置
經典的大義內容而不顧,　實際上根本測試不出一個人的眞才實
學,　更使廣大學者捨本求末,　以至於根本未掌握古典經籍的精
華,只是把握了些皮毛,反而是一種誤人子弟的做法。安石在教
育改革中改革了這種陳腐做法,變帖經爲墨子之法,也就是要求
應試舉子務通義理,　不須盡用注疏,　要眞正理解儒經的內容大
義。這實際上是將他的新的治經方法潛移默化到教育方針之中,
學子應試需通經學義理,單靠牢記前人注疏便無出路了。這對於
當時的經學研究當然也從根本上造成了影響。

## II. 經學研究對宋明理學之影響

　　侯外盧主編《中國思想通史》中認爲,宋明理學應於「荆公
新學」中尋源❺;　一語道破歷來被看作勢不兩立的理學與新學之
間的微妙關係。宋代雖是積貧積弱的時代,但卻是思想文化上大
發展的時代。北宋之初,隨著周敦頤、邵雍等人的研究,理學開
始萌芽,各家學說也都開始興起。除周敦頤的「濂學」外,還有
張載的「關學」、李覯的學說、邵雍的「象數學」以及王安石的
「新學」;這些學派在探討哲學問題時各執一端,　相互之間旣有
對立又有聯繫,他們的綜合發展爲後來由二程「洛學」而發展起
來的聲勢浩大的宋明理學打下了基礎。可以說他們都是宋明理學
的思想淵源之一,只是有的較直接,而有的較間接。而安石對於

❺　見《中國思想通史》,卷4,頁436。

以「義理」學術爲主要特色的宋明理學來說，其主要影響便是在他的治經方法上。正是在這一點上，才說宋明理學應於他的學說中去尋源。

宋明理學一個重要特點便是區別於漢儒以來的「章句注疏」，在討論問題時注重言明文理，而前已說過，北宋時期這種學風的轉變，安石在其中起了關鍵的作用。另一方面，北宋經學方法發生重大轉變，不僅是在上述治經方法上的變化，而且從根本上說，對於儒家經典本身的態度也頗有改變：

> 自慶歷後，諸儒發明經旨，非前人所以。然排《繫辭》，毀《周禮》，疑《孟子》，訛《書》之胤征、顧命，黜《詩》之序，不難於議經，況傳注乎！ ⑤⑤

而這股對於古代經典採取批判態度，對先儒傳注更不放在眼中的風氣同慶歷後的改革浪潮，尤其同安石的《三經新義》視漢儒之學若土梗的作法密切相關。安石經學研究中的這種注重經典中聖人「妙道至言」，把性命道德問題置於首位，同時摒棄空洞抽象的傳注，代之以鉤沉索微的方法，有如一股清風，給當時思想僵化的學術界帶來了生機，同時也引起很大反響。而安石治經特別重視「道德性命」問題，對宋代知識界也有很大影響，此後這一問題一直爲學者們所重視，最終也成爲宋明理學家們所討論的核心問題之一。究其原因，安石是一個哲學家，同時又是一個政治家，他在討論問題時，抽象談哲學問題的較少，總是設法與當時

---

⑤⑤　見王應麟《困學記聞》，卷8，＜經說＞，頁40。

的政教聯繫，而道德性命問題卽是哲學家中一個重要問題，同時也是關係到國家安定、百姓倫常的問題，因而安石給予特別重視。而由二程開始的理學家對此問題也都作爲重點問題來詳加探討，也正因爲這一點，他們的學說對於維護當權者的利益顯然有相當大的利用價值，因而在宋明以後，所謂「理學」常常被視爲官方哲學。而安石將以經術造士做爲教育方針，客觀上也抬高了儒學的一統天下之地位，對於理學的發展也間接起了作用。

　　另一方面，宋明理學的開創之人程顥、程頤是安石同時代之人，安石當政，實行新法，對他們在思想上也有很大影響。程顥本人開始還是變法的支持者，不僅他的〈論十事札子〉、〈論王霸札子〉，在哲學觀點上與安石基本一致，而且他還是安石新法實行後派出的「遣使諸路察農田水利賦稅」的八名官員之一。他在〈論王霸札子〉中曾稱這次變法是「師聖人之言，法先王之治」❺❻，並說如果神宗支持，萬世甚幸。所以，程顥、程頤早期無論在政治上，還是哲學思想上同王安石都是相當接近的，儘管後來他們改變立場，加入反變法的行列，並且在學術上也對安石的新學採取否定態度，但安石新學對其影響是無可否認的。

---

❺❻　見《二程集》，《文集》，卷1，頁451、452；又〈論十事札子〉，見頁452。

# 第六章　王安石的政治
## 及財經思想

　　安石在中國政治史上異常引人注目，在北宋的歷史上更是重要的人物，他有志於富國強兵，銳意改革，領導了熙寧變法。他的一生充滿改革的色彩，　但其理想並非普通政治人物的政績而已，背後有很深的學術基礎，也就是說安石爲傳統知識分子，施展其抱負於現實政治，意圖以經濟學術而致用於天下。

　　宋代的政治活動與當時的學術風氣有很大關係，　宋學初起時，　就已經立下尊師重道的規模，　以師儒的教育及對現世的關懷，開創新的學風，約略而言就是經世致用的精神。因此，知識分子可說是無所不加關懷，也踴躍地投入，而知識分子以中國之傳統來看，「學而優則仕」幾乎是普遍的現象，　他們也以此爲己任，無不積極參與政治。在宋初的國策中，因文人政治的關係使得知識分子地位提高，參政的機會較多，這些走入官僚體系的文人，品類不一，學術有異同，未必士大夫們都有高深的學術與思想，　故而從政者也未必有其政治之思想。

　　安石不但在政治上有顯赫的名聲，也有他豐厚的政治思想，而且與他的哲學思想有密切關係。考察安石的政治思想，可以發現在這方面的哲學基礎何在，換言之，安石的政治思想不僅僅是一個位高權重的政治人物，他對於政治的看法或觀念而已，而是

背後有學術根本，以及思想體系的展現。這裡就大體的層面加以論述，庶幾可以掌握安石政治思想的要義。

安石變法時的新政，泰半皆在財經上之改革，故而新制設立頗多。但安石的財經措施，非僅是將舊法作修正而已，其改革的層面與幅度都相當深廣，這種幾乎是財經上全面的更動，它背後的思想爲何？這是値得注意之處。政策的制定及施行的情形，應作專題的探討，已有其歷史性的研究；這裡是從安石的思想上來看此一問題，也可以說是找出他對財經改革的出發點何在？是否與其他哲學觀點或思想上有所關聯。

# 一、王霸論

通常王安石的政治思想被列爲兩宋的功利派來看待[1]，或者列之爲江西學派的體系中[2]。錢賓四師則視之爲宋學初、中期間的人物，並與劉敞同論，「兩人皆博學，旁及佛老，又好談性理，與初期宋學已不同」[3]。所謂初期宋學，係指孫復、胡瑗、石介、歐陽修、范仲淹、李覯諸人。而修、敞、安石三人學術較近，交往亦較密，但「荊公刻深勝過廬陵，博大超於原父，彼乃是初期宋學一員押陣大將，而中期宋學亦已接踵開始了」[4]。

歷來對王安石政經上之研究可謂極多，但在思想史方面著手

---

[1] 如蕭公權《中國政治思想史》，第十四章〈兩宋之功利思想〉，以北宋李覯、王安石，南宋陳亮、葉適四人並論。

[2] 如陳鐘凡《兩宋思想述評》，第十一章〈江西學派〉。

[3] 見錢賓四師《中國學術思想史論叢》㈣，頁5。

[4] 見同[3]，頁6。

者則不多見。現就其政治思想中對當時有大貢獻，又足以啓示後
人的「王霸」之論略作分疏，就中可看出其政治思想的基礎。

　　王安石的「王霸論」是本於《孟子》而來：

> 以力假仁者霸，霸必有大國，以德行仁者王，王不待大，
> 湯以七十里，文王以百里。以力服人者，非心服也，力不
> 贍也，以德服人者，中心悦而誠服也，如七十子之服孔子
> 也。詩云：自西自東，自南自北，無思不服，此之謂也。
> ❺

與這有關的言論，《孟子》書中其他多處可見，不作贅引。安石
專文論王霸，一開始即說得明白：

> 仁義禮信，天下之達道，而王霸之所同也。夫王之與霸，
> 夫所以用者則同，而其所以名者則異，何也？蓋其心異而
> 已矣。其心異，則其事異；其事異，則其功異；其功異，
> 則其名不得不異也。❻

安石指出王霸的異同，同者，是所用的仁義禮信，王霸在這一點
上是不易分得出來，「王霸無二」當是就此來講。異者，是名
異，乃根源於「心異」所致，安石是有心人，所以特別立說。接
著推演因爲心異，而事異、功異，以至於確立名異。那麼這個心
異在那裡？所謂王者之道是因其心非有求於天下，仁義禮信是自

---

❺　見《孟子‧公孫丑上》。
❻　見《王安石全集》，《文集》，卷42。

已認定所當爲的，以之修身，移到政事上，則天下可化。霸者是心中不曾有仁義，但恐天下人惡其不仁不義，所以示以仁義，禮信也是如此， 所以霸者的心實在是在於利， 假借王道來表現，「唯恐民之不見，而天下之不聞也」❼。

表現在事件上的，安石以齊桓公、晉文公爲例。

> 齊桓公劫於曹沫之刃，而許歸其地。夫欲歸其地者，非吾之心也，許之者免死而已。由王者之道，則雖待其降焉可也，而文公必退其師。蓋欲其信示於民者也，凡所爲仁義禮信，亦無以異於此矣，故曰其事異也。❽

接著說到功異，比王者於天地，天地是無所勞於萬物，萬物能各得其性， 卻並不知覺天地之功。 王道亦是如此，飢寒與衣食，民雖知受惠，但此惠畢竟有限，不能及廣❾。最後，安石認爲王霸之道確有差異，「其用至誠以求其利， 而天下與之……然不假王者之事以接天下，則天下孰與之哉？」❿ 這簡單地說: 卽得天下是要使人心悅誠服的。

在進一步討論安石的王霸之論前，要先說明他學術的幾個有關之處。 首先，他讀書極爲廣博， 諸子百家、《難經》、《素問》、《本草》皆讀，甚至農夫女工亦無所不問⓫，他學問之廣

---

❼ 見同❻。
❽ 見同❻。
❾ 見同❻。
❿ 見同❻。
⓫ 見《文集》，卷29，〈答曾子固書〉。

博精深，由其著作的質與量來看，及時人對他的讚賞，都可明瞭
無疑，在此不必引述。對於先聖賢除周、孔外，他最推崇的是孟
子、揚雄二人，這是他學術思想重要根源，而且在其著作中，也
都處處可見，在文中常說到揚雄做學問之態度，是他所推崇，恐
怕亦是他所效法的。在此簡要地指出一點，安石在論說中，據以
引證，或發揮其意者，要以孔、孟、揚三人爲最，他又沿韓愈道
統之意，以爲

> 昔者，道發乎伏羲而成乎堯、舜，繼而大之於禹、湯、
> 文、武，此數人者，皆居天子之位，而使天下之道寖明寖
> 備者也。而又有在下而繼之者焉，伊尹、伯夷、柳下惠、
> 孔子是也。❷

孔子之後爲孟子，孟子之後厥爲揚雄，蓋「揚雄者，自孟軻以
來，未有及之者；但後世士大夫，多不能深考之爾！」❸。既然安
石認識這個道德，於經又能知其大體而無疑，故其論說也多環繞
此體系而言，一般來說，他是隨時引據經典與先聖賢之語，但對
於孔、孟、揚三者，似乎有意地相互引證，並且強調其間義理之
通連，孔、孟暫不必談，孟、揚之間似可再舉例以明。

　　安石引揚子語：「先自治而後治人之謂大器。」接著說揚子
之大器卽孟子之所謂大人，然後說：「孟子沒，能言大人而不放
於老莊者，揚子而已。」❹

---

❷　見《文集》，卷43，＜夫子賢於堯舜＞。

❸　見《文集》，卷28，＜答龔深父書＞。

論禮樂，先引《詩》曰：「鶴鳴於九皋，聲於天。」又引《孟子》曰：「我善養吾浩然之氣，充塞乎天地之間。」再引揚雄之言：「貌言視聽思，性所有，潛天而天，潛地而地也。」⑮

其他連引孟、揚之說而通其義者，不下數十，尤其在論性方面，還有調和孟、揚之說的傾向⑯。安石對孟、揚有段話說：

> 甚哉！聖人君子之難知也……若軻、雄者，其沒皆過千歲，讀其書，知其意者甚少，則後世所謂知者，未必真也。⑰

這不止可看出他對孟、揚二人之推崇，言語間也以爲二人之知音，並刺世人未眞得道統，不免幾許自負之意。

---

⑭　見《文集》，卷28，<答王深甫書>。所謂大器、大人，王安石在<答韓求仁書>（卷28）中說：「管仲九合諸侯，一正天下，此孟子所謂天之大任者也；不能如大人正己而物正，此孔子所謂小器者也；不各有所當，非相違也。」此又發揮孔孟精義，先自治而後治人，亦爲安石學術之基。<答曾子固書>中說：「方今亂俗不在於佛，乃在於學士大夫，沉沒利欲，以言相尙，不知自治而已。」自治、治人、爲己、爲人，安石於論楊墨中有所發微（卷43），並提出「今夫始學之時，其道未足以爲己，而其志已在於爲人，則亦可爲謬用其心矣。」關於孟子所謂大人，安石有專文論之（卷41），而錢賓四師以爲此與佛家法報應三身說頗似（同❸，頁8）。

⑮　見《文集》，卷41，<禮樂論>。

⑯　有關王安石之性論，參見第四章。安石《文集》中所論，重要者有卷39<揚孟>、卷42<性情>、卷44<對難>、卷43<原性>，以及《文集・拾遺》中之<性論>等。

⑰　見《文集》，卷55，<王深父墓誌銘>。

　　至於安石思想之出發點，應以建立自我始，由知的方面以自我意識爲認識外物之根本，行的方面即誠正修齊而達治平，內聖外王，不過是自己性分內事，爲自我之實現。建立自我的努力，安石亦有幾個步驟：即先求不爲物欲名利所縛，次使我以道或理爲依歸，不隨俗浮沉，再次則讀書時有所主宰，六經諸子皆可爲注腳，如此可以內心所是隨機應變而自由❸。

　　與安石論王霸見解相近者爲劉敞：

> 仁義禮智信五者，伯王之器也，愛之而仁，利之而義，嚴之而禮，謀之而智，示之而信之謂伯。仁不待愛，義不待利，禮不待嚴，智不待謀，信不待示之謂王。王者牽民以性者也。性者莫自知其然，情者如畏不可及……。❹

劉敞亦是分王霸如此，又說：「利己者亡，利民者伯，能以美利利天下，不言所利者王。」❷ 這個「利」字，正是安石所說的「其用至誠以求其利，而天下與之」❷。敞與安石所言之利，與德業問題有關，也與安石的變法思想有關，宜另文說明之，但王霸之論亦有與之關聯之處，將在後文再扼要敍述。

　　當時論王霸者，安石與劉敞爲一解，而李覯與司馬光又爲一解。李覯說：

---

❸　參見賀麟〈王安石的心學〉，頁9-13。
❹　見劉敞《公是弟子記》，頁7。
❷　見同❹，頁9。
❷　見同❻。

　　或曰：仲尼之徒無道桓文之事者，吾子何為？曰：衣裳之
會十有一，《春秋》也，非仲尼脩乎？〈木瓜〉，衛風
也，非仲尼刪乎？正而不譎，《魯論》也，非仲尼言乎？
仲尼亟言之，其徒雖不道，無歉也。嗚呼！霸者豈易與
哉？使齊桓能有終，管仲能不侈，則文王太公何惡焉！
《詩》曰：采葑采菲，無以下體，蓋聖人之意也。㉒

　　這段話顯然是對不稱道齊桓霸業的不滿，以為孔子並非如此；其
實孔子對管仲襄霸之業是「如其仁」的，但也說其「小器」，個
中還有別的意思。李覯另外一段論王霸，說得更為明白：

　　或問自漢迄今，孰王孰霸？曰：天子也，安得霸哉？皇帝
王霸者，其人之號，非其道之目也。自王以上，天子號
也……霸，諸侯號也，霸之為言伯也，所以長諸侯也，豈
天子之所得為哉？道有粹有駁，其人之號不可以易之也。
世俗見古之王者粹，則諸侯而粹者亦曰行王道，見古之霸
者駁，則天子而駁者，亦曰行霸道，悖矣！宣帝言漢家制
度，本以霸王道雜之，由此也。人固有父為士，子為農者
矣，謂天下之士者曰行父道，謂天下之農者曰行子道，可
乎？父雖為農，不失其為父也；子雖為士，不失其為子
也。世俗之言王霸者亦猶是矣。若夫所謂父道，則有之
矣，慈也；所謂子道，則有之矣，孝也。所謂王道，則有

---

㉒　見李覯《直講李先生文集》，卷32，〈常語上〉。

之矣，安天下也，所謂霸道，則有之矣，尊京師也，非粹
與駁之謂也。㉓

李覯認為王霸是名分，而不是道目。道有純粹、雜駁，而因名分
不同，各有其道，「如使紂能悔過，武王不得天下，則文王之為
西伯，霸之盛者而已矣，西伯霸而粹，桓文霸而駁者也，三代王
而粹，漢唐王而駁者也」㉔，接著又舉項籍為西楚霸王，「敢問陽
尊義帝，俄自殺之，亦足以為霸乎？曰：謂其號也，不言其道
也。」㉕ 這裡可知他是就歷史而論名分的，文中所引漢宣帝之
語，堪值重視，正如漢武帝招文學儒者，汲黯毫不客氣地說：
「陛下內多欲而外施仁義，奈何欲效唐虞之治乎？」㉖ 語說中，
武帝只有「默然怒變色而罷朝」。李覯的名分觀，由另外一句話
可以充分地看出：「天下無孟子可也，不可無六經，無王道可也，
不可無天子。」㉗ 雖是痛快語，但他也並非不贊成王道者，只不
過希望能有所矯正，重視現實環境與歷史經驗來看。他生於北宋
眞宗、仁宗之際，時澶淵之盟已立，但契丹仍為北方大患，且有
增幣交涉的緊張情勢，西北方則夏寇正緊，可以說是受困於外患
威脅的時代，再鑒於宋初慘敗於契丹的教訓，故李覯對時勢不能
不有反應，看他文集的言論中，多談富國強兵之策，從不諱言霸
強，如他說：

---

㉓　見同㉒，卷34，＜常語下＞。
㉔　見同㉓。
㉕　見同㉓。
㉖　見《史記》，卷120，＜汲黯傳＞，頁2。
㉗　見同㉒。

儒生之論但恨不及王道耳。而不知霸也，強國也，豈易可
及哉？管仲之相齊桓公，是霸也，外攘戎狄，內尊京師。
較之於今何如？商鞅之相秦孝公，是強國也，明法術耕
戰，國以富而兵以強。較之於今何如？❷

至於與李覯所論王霸相近的司馬光，雖然也重「尊王攘夷」
之道，這本是宋代學術的主流。但在李覯而言，似乎他較重其精
神，對於先秦封建政治，猶有王霸分權之意味。司馬光則極尊中
央君權，以霸者為王所命，乃中央重臣，受命治王畿之外❷，他
說：

合天下而君之之謂王。王者必立三公。三公分天下而治
之，曰二伯，一公處乎內，皆王官也。周衰，二伯之職
廢。齊桓、晉文糾合諸侯，以尊天子。天子因命之為侯
伯，修舊職也。伯之語轉而為霸，霸之名自是興。自孟荀
氏而下皆曰：由何道而王？由何道而霸？道豈有二哉！得
之有淺深，成功有大小爾……方伯，瀆也；天子，海也，
小大雖殊，水之性奚以異哉。❸

同樣地，溫公亦以孔子稱道管仲「如其仁」，而刺孟、荀羞
稱五霸，以為比諸孔子「其隘甚矣」❹。對於孟子，溫公並不全

---

❷　見同❷，〈寄上范參政書〉。

❷　見同❶，第十五章，〈元祐黨人及理學家之政論〉。

❸　見司馬光《溫國文正司馬公文集》，卷74，〈迂書〉、〈道同〉條。

❹　見同❸，〈毋我〉條。

然信服，且採批評的態度，認爲皇帝王霸皆用仁，只不過大小高下之間有異，若說五霸是假仁，文具而實不從爲假，則國且不保，何以能霸❸❷？因之，他簡要地指出：若以皇帝王霸爲德業之差，所行異道，是儒家之末失❸❸。

　　基本上，上述各家所論王霸，都無德業分途之意，大抵上，宋代學者都有「救亡」之要求，這是基於一種憂患感而生出，且不論是因自覺或他覺，也不論是表現在那一方面，宋代學術終以救世爲主流，基本上要求是作「承擔」，都先看重社會大群福利的❸❹。安石關於德業，在此只簡單指出，卽孟子所謂之「大任」及揚雄所謂「大器」，但不同於齊桓、管仲的一匡天下，而是要正己正物，恐怕亦是要「動心忍性，增益其所不能」；準此，則安石的變法，應是他對德業的好答案。劉敞說：

　　王有其德，無其符，無其功，不能以王，仲尼是也（按：仲尼爲素王）。有其德，有其功，無其符，不能以王，夏之益、商之尹、周之周公是也。有其符，有其德，有其功，然後王，夏、商、周、漢也，故曰配天（按：原書刻本有「漢字疑衍文」一句）。❸❺

---

❸❷　見同❸⓪，卷73，〈疑孟〉、〈孟子曰堯舜性之也〉條，其他批評孟子者尙有十條。

❸❸　見同❸❷，卷61，〈答郭純長官書〉。原書本在論正統問題，因之言及王霸，其主張如前所引，以天子立二伯，分治天下諸侯等。

❸❹　參看勞思光《中國哲學史》第三卷，上册，第二章，頁79-80。並見錢賓四師前引書。

❸❺　見同❶⑨，頁44。

這說明了同是聖賢，能王不能王須有其條件的。

由王霸而及德業，而及義利之辯，李覯的〈原文〉中，說得很清楚：

> 利可言乎？曰：人非利不生，曷為不可言；欲可言乎？曰：欲者人之情，曷為不可言，言而不以禮，是貪與淫，罪矣。不貪不淫，而曰不可言，無乃賊人之生，反人之情，世俗之不喜儒，以此。孟子謂何必曰利，激也，焉有仁義而不利者乎？❸

然則劉敞也言利，他認為要言的利，是利國、利天下的「公利」❸，亦即安石所認為孟子之言利。為評私利，是否孟子之言為激？實則李覯之學多本荀子，如特重於「禮」即是，引利欲合禮，這與清儒戴震之說或有相合之處❸。李覯王霸之論中的粹、駁問題，也是荀子王霸論中的主要理論，所謂「粹而王，駁而霸，無一焉而亡」❸。荀子又說：「隆禮尊賢則王，重法愛民而霸，好利多詐而危。」❹荀子在論臣道時，以為能用伊尹、太公

---

❸　見同❷，卷29，雜文，〈原文〉。胡適於此，甚讚李覯為樂利主義、實用主義，參見〈記李覯的學說〉一文（《胡適文存》第二集），文中論述李覯學術之全貌，但總覺略有偏護之意。

❸　見同❶，頁40。

❸　參見錢賓四師〈東原言義理三書〉（《中國近三百年學術史》第八章）。並參見同❶書，第十四章第二節所論。

❸　見梁啓雄《荀子柬釋》，〈王霸篇〉，頁144；頁218〈彊國篇〉又再度提到這句，並以為是「此亦秦之所短也」。

❹　見同前書，〈大略篇〉，頁364。

等聖臣則可以王，能用管仲、咎犯等功臣則可以強，若用了如孟
嘗之類的篡臣，則國必危，至於用了張儀、蘇秦等態臣，則國將
亡❹。這種論說的區分法，與書中其他地方相比，可知其用功臣
可以強的「強」當是指霸之意了。在〈王霸〉中，荀子是論述治
國之道，因此常有「故用國者，義立而亡，信立而霸，權謀立而
亡」之類的話，荀子又一再申論，行王者之法，用行王法的人，
亦即用積禮義之君子，則可以王；行霸者之法，用行霸法的人，
亦即用端誠信全之士，則可以霸；若是行亡國之法，用了權謀傾
覆之人，則國就亡了。「故君人者，　立隆政本朝而當，所使要百
事者誠仁人也，則身佚而國治，功大而名美，上可以王，下可以
霸」❷。

　　李覯雖有得自荀子之論，但也有出入，主要的在於荀子以爲
君主行什麼法，用什麼人，而定其國之王霸、粹駁，而李覯也談
粹駁，但認定君主所行皆王道，諸侯所行始爲霸道，而王霸皆有
粹駁；粹駁之分當在功利之大小，　而不在義理之比重多少。　然
則，若將荀子思想中幾個重要的論點來看，與李覯的思想相較，
大可以說李多是沿荀學一路下來的，但李主性善而否性惡。最值
注意者，是荀學有君主權威主義的傾向❹，荀子以人道治天，天
是自然的「不爲堯存，不爲桀亡」，而人道在禮義法度。　他否認
人性爲善，自然不以仁心爲根本，而以智心爲本，此終不免於功

----

❹　見同前書，〈臣道篇〉，頁176。

❷　見同前書，〈王霸篇〉，頁137-152。

❹　參見勞思光《中國哲學史》，第一卷，頁265；　馮友蘭的《中國哲
　　學史》裡是強調荀子所說「聖王威權」的絕對（見其子學時代，第
　　十三章，〈荀子及儒家中之荀學〉）。另見同❶書，頁101。

利❹。荀子不解孟子，而李覯與王安石之異，在思想的脈絡中應該可以看出消息。

荀子說：「可以有奪人國，不可以有奪人天下；可以有竊國，不可以有竊天下也。可以奪之者可以有國，而不可以有天下；竊可以得國，而不可以得天下。」❺ 談到桀紂、湯武，而以小具、大具爲說， 純是先秦儒家的重要論點， 這一說法與《孟子・盡心》說：「不仁而得國者有之矣， 不仁而得天下，未之有也。」意思相近， 在此則孟荀對國與天下的看法亦同，二人所處戰國時代環境相同， 思想之異同， 是其對時代之反應，然則都在於能得天下，治天下， 故說能得國者未必能得天下。 列國並峙欲得天下，孟荀皆以爲百里之地可以取得天下，但荀子處處強調禮法，而孟子則重在仁義，表面上看皆尊王而欲統一， 方法上又有根本之差異了。

仁義禮信是儒家所重，孟荀都談，主旨卻有出入。再看安石所言仁義禮信是王霸所同，但究竟有差， 這與董仲舒說：「霸王之道， 皆本於仁。」意思相似，仲舒提出「仁義法」的理論，正表現他思想中重要的精神， 他說：「仁人者，正其道不謀其利，修其理不急其功。」也可以說是安石王霸論的內涵❻。正因爲仁

---

❹ 參見馮友蘭前書。又見牟宗三《名家與荀子》，頁214、215。荀學有經驗主義之跡，而李覯之學亦復如此。司馬光所論與李近，無怪乎錢賓四師要說：「溫公乃史學派，主經驗主義， 與荊公爲經學派主理想主義者分歧。」（參見同 ❸ 書）荀子之經驗主義又可參見徐復觀《中國人性論史・先秦篇》，頁223-262。

❺ 見同❸，＜正論＞，頁237。

❻ 見董仲舒《春秋繁露》，卷6， ＜俞序第十七＞；卷 8 ，＜仁義法第二十九＞；卷 9 ，＜對膠西王越大夫不得爲仁第三十二＞等篇。

義禮信人皆可言，亦可以爲標榜、爲緣飾，故而《孟子・盡心》
說仁是「堯舜性之也，湯武身之也，王霸假之也」。安石說「心
異」就是這道理。如果更簡單地來看，安石之意在於分別爲世俗
說濫的仁義禮法，都如此說，表面亦都如此做，實則大有區別，
一是知道仁義爲理所當然，則應該去行，也必須去做，一是知道
可博取令名，亦應該去行，緣飾去做。心中有理，以至誠去行，
不先存功利之心是否應行，在政治上仍可得大功公利；心中無此
理，而以功利之心計較而行，則是私功私利。理論上安石之意應
可爲人接受，但在現實政治上卻經常不如此，前者往往不如後者
易實現，這種現象照朱熹的看法最能說明：

> 若以其能建立國家，傳世久遠，便謂其得天理之正，此正
> 是以成敗論是非。但取其獲禽之多，而不羞其詭遇之不出
> 於正也。千五百年之間，正坐如此，所以只是架漏牽補，
> 過了時日。其間雖或不無小康，而堯、舜、三王、周公、
> 孔子所傳之道，未嘗一日得行於天地之間也。❹

朱子此說與他辯「心無常泯，法無常廢」是相配合的，這都是他
與陳同甫辯義利、王霸之論點，而與安石之論可相互參考❹。其
實不論安石也好、朱陳之辯也好，王霸之論似是政治問題，王道
是聖賢政治、理想政治；霸道則是英雄治國、現實政治，而所論

---

❹　見《朱文公文集》，卷36，〈答陳同甫〉。

❹　朱熹與陳同甫之辯論，已有多書言及，成爲研究中國思想史或哲學
　　所必論之問題。選擇諸家所論重點者，可參看吳春山《陳同甫的思
　　想》，頁196-204。

基礎涉及利義、德業、人性等問題，這原本也是連成系列的問題，故安石的王霸論文章雖不很長，但實已言及了這些問題。

就安石所論重在心異，以根本之心而言，若不重視建立自我，而正己而正人這一套德治思想的落實，徒爲口說，則易偏於唯心之論。李覯之論則恐偏於現實，趨於就勢，正易流於功利矣! 陳同甫與李覯之說大有相近之處，皆以爲三代與漢唐，王霸無根本之異，但三代做得盡，漢唐做得不盡，是卽粹與駁之別，朱子以爲不當只論盡與不盡，應論所以盡與不盡耳，此卽王霸之異，亦安石所謂的心異，差以毫釐，則繆以千里。王霸應該是有異，是不同的兩種政治，不應是做得盡與不盡的問題，尊王賤霸，在道德的觀點看，也應如此。在政治上言，王霸各有其方法，各依其法而行不同之政治，兩者是否可相合而不必相合❹？

在儒家思想以德治到達王道政治的理論來看，通常大多數的時間是爲人所接受，也都認爲自天子以至於庶人皆以修身爲出發點，在《論語·顏淵》中，孔子論政說:「政者正也，子帥以正，孰敢不正。」在〈憲問〉中又談到修己以敬、修己以安人、修己以安百姓等;到孟子發出的王道思想，描述的內容更爲具體，這些儒家所奉的孔孟思想，在實踐上的情形又如何? 道德上應無問題，家庭、親族間或較小的社會團體中也應無問題，但在人衆而複雜的國家政治中是否有實踐的難題? 就如道德與行政才能間之配合、選擇上就很難滿意。政治的實用性要由道德來轉入，又如何來顧及其周到性? 在儒家的王道思想，當然是以道德取向爲主，卽使再平庸之人，甚至行政才能稍低者，只要合於儒家一般

---

❹　參見馮友蘭《貞元六書》，〈新理學〉第五章，「道德」、「人道」。

道德要求，多被認爲是「人才」。先不說道德上的實踐程度，至少在言論中是士大夫們所不能不注意的重點，也正唯有如此，往往忽略行政才能，在現實政治中卽是一大問題，無怪乎李覯要說「儒生之論，但恨不及王道耳」這種矯枉的話。

安石談王道，對於這問題原則上採儒家的理想看法，他在上仁宗的長篇奏疏中說明了此點❺，在對神宗的談話中，強調爲治宜先「擇術」，是法堯舜而非唐太宗之術，又說：「經術正所以經世務。」變風俗、立法度就由此展開❺。安石以爲道德與才能是可以配合的，也應該注意其配合，他曾經推薦一個地方上的司法小官，說是爲吏廉平，得到地方人士一致推信，並且「其行喜近文吏，而尤明吏事」，又有談論政事的文章等❺。這些或可說明安石並非只重道德一面以及理論的一面。

道德與才能的問題和理想政治與現實政治一樣，本是儒家思想中富有挑戰性的難題，古代的士人並非完全忽略這些難題，或許在表達的方式上反令人忽略了。現再舉一例來看，歐陽修以爲六經所載皆爲人事切於世者，而罕言性，性非學者所急於知道者❺，他與學者見面時亦不談文章，惟談吏事，他說：「文章止於潤身，政事可以及物。」故而他本人在地方的治績是不求聲譽，只在寬簡而不擾，對此的解釋，《宋史》上記載說：

> 或問爲政寬簡而事不弛廢何也？曰：以縱爲寬，以略爲

❺　見《文集》，卷1，〈上仁宗皇帝言事疏〉，頁1-13。
❺　見《宋史》，卷327，〈王安石傳〉，頁3-4。
❺　見《文集》，卷33，〈上浙漕孫司諫薦人書〉。
❺　見《歐陽修全集》，《居士集》，卷47，〈答李詡第二書〉。

簡，則政事弛廢而民受其弊，吾所謂寬者，不為苛急，簡者，不為繁碎耳。(54)

道德與才能在政治上之關係本文也到此爲止不再論述。

安石王霸論，在宋時中國是一統之局，有其談論意義，若在分裂之時，似乎還可以有另外的看法，卽現實政治中可以得國，不妨稱之爲得政統，但未必可以得天下，卽道統未必能得，如此看王霸之別或能合孟子之意，也應在安石寓意之中罷？而由王霸之別，則君臣關係亦宜有別，是否也在其意之中？就時代背景而言，宋有遼、夏強敵，時論都受此影響，故高唱尊王攘夷而有王霸之論。思想上則漸由出世而入世，重於群衆福祉，談及德業心性；唐人亦非不講，但宋人多講，顯得氣魄大，而理想高。至於安石與李覯之別，是其對時勢反應之不同，及思想上的差異而有別，但並論王霸而言粹駁亦不始於宋初之李覯，如東漢初之桓譚卽有文專論王霸，而並陳二者之功德：

> 夫王道之治，先除人害，而足其衣食，然後教以禮義，使知好惡去就，是故大化四湊……霸功之大者，尊君卑臣，權統由一，政不二門，賞罰必信，法令著明，百官修理，威令必行，此霸者之術。王者純粹，其德如彼；霸道駁雜，其功如此。(55)

桓、李二人時代背景固不同，因時有感而論，則其心理應大致相

(54) 見《宋史》，卷319，<歐陽修傳>，頁7。
(55) 見桓譚《新論》，<王霸第二>，頁2。

同。

安石與宋初的王霸之論，並非於孟荀之學作有系統之研討，除安石有《孟子解》（今佚）外，其餘諸人皆未有注解之作。且其時理學尙未定型，講義理亦未精詳，故討論不算激烈，幅度也不甚廣，不似南宋陳、朱之辯，而陳、朱之辯，可說受王、李等討論的影響，亦不出王、李之別，但較細較廣，不過若就兩宋外在環境而論，則是沒有多大差異的。

孟子論王道，漢代趙岐的注解是說：「言霸者，以大國之力，假仁之道，然後能霸，若齊桓、晉文等是也。以己之德，行仁政於民，小國則可以致王，若湯、文王是也。」對於「無思不服」比爲「武王之德」⑤⑥。趙氏注孟多爲人所宗，至宋初有孫奭之《正義》，但孫氏之書已受懷疑，謂不出其手，爲人所假託⑤⑦，其所疏趙《注》並無多大價値。安石所解《孟子》既已亡失，因無法得知原文，不過在其文集中常有論述孟子之意者，〈王霸論〉爲單獨且較長的一篇，在安石之後諸家，其疏解《孟子》此文有一特別現象，卽頗受安石之論的影響，或曾見安石所解《孟子》，或見其〈王霸論〉之文，總之，由下面幾例來看，應可知其中關聯：

南宋張栻的解說以趙《注》爲主，所不同者是強調了幾句話：「以德行仁，則是以德行其仁政，至誠惻怛，本於其心而行於事爲，如木之有本，水之有源也。」⑤⑧

朱熹注此文說：「力謂土地甲兵之力，假仁者本無是心，而借其事以爲功者也。霸若齊桓、晉文是也。以德行仁則自吾之得

---

⑤⑥　見《孟子》趙《注》。

⑤⑦　見《四庫全書總目提要》，卷35，頁2–4，並參見余嘉錫之辨證。

⑤⑧　見南軒《孟子說》，卷2，頁16。

於心者推之，無適而非仁也。」接著又說：「王霸之心誠僞不同，故人所以應之者，其不同亦如此。」朱子又引鄒浩語：「以力服人者，有意於服人，而人不敢不服，以德服人者，無意於服人，而人不能不服。」[59]

朱子門人如輔廣、趙順孫等疏解本文亦宗朱注：「假仁者謂己本無是仁心……仁則性之所固有也，自吾之得於己者推而行之……」[60]

蔡模說王霸之別爲「以力假仁者，不知仁之在己而假之也，以德行仁則仁在我而惟所行矣……是自己身上事都做得是無一不備了，所以行出去便是仁……」[61]。

眞德秀及元代的胡炳文、詹道傳等人的疏解，也多不出此範圍，參集前人之說而論述之，「王霸之分只在心之誠僞」是其主旨[62]。

上面所舉各例雖未敢確定係承安石之意，但安石所強調之「心異」，以及論文其中的敍述，至少是這些例子的先聲，也可以做爲典範的。《孟子·公孫丑上》的章句，本是論心性志氣的

---

[59]　見《四書集注》，＜上孟＞，卷2，頁43。

[60]　見趙順孫《孟子纂疏》，卷3，頁27、28。

[61]　見蔡模《孟子集疏》，卷3，頁13。

[62]　眞德秀之解，見其《孟子集編》，卷3，頁10。胡炳文之解，見其《孟子通》，卷3，頁22。詹道傳之解，見其《孟子集註纂箋》，卷3，頁16。明淸的名儒也有如此看法，如黃宗羲說：「王霸之分不在事功而在心術，事功本之心術者，所謂由仁義行王道也。只從迹上模倣雖件件是王者之事，所謂行仁義者霸也。」他又主張德業不分途：「後世儒者事功與仁義分途，於是當變亂之時，力量不足持，聽其陸沈魚爛。」（參見《孟子說》卷上，＜齊桓晉文之事＞、＜孟子見梁惠王＞等兩章）

重要地方，安石所論，眞可謂善讀《孟子》也!

## 二、《洪範傳》中的政治思想

〈洪範〉被視爲治國安天下之大法，由天道的觀念而涉及人事；安石的宇宙論也多由其中可見，在注解〈洪範〉文中，論述宇宙萬物的構生，這在第三章中已有說明。因「氣」而生「五行」，安石對五行的說法還在於強調其相反相成之理，以及對於人事的關聯，所以他在《洪範傳》前面一段敍論中就作了有系統的說明。他說五行是天所以命萬物者，而「人所以繼天道而成性者」是五事，五事是指貌、言、視、聽、思；他以爲「書言天人之道，莫大於〈洪範〉，〈洪範〉之言天人之道，莫大於貌、言、視、聽、思」❻。天人的關係原就是〈洪範〉所言的重點，安石思想雖受老子影響，但論天人之道時則提出極不同的觀點：他說道是有本末的，所謂本是指萬物之所以生，出之於自然而不假乎人力；所謂末是指萬物之所以成，涉乎形器，故待人力而後成。不假人力而萬物以生，則是聖人可以無言、無爲；至於有待於人力而萬物以成，則聖人卽不能無言、無爲了。是以古之聖人以萬物爲己任，必制四術以成萬物；四術是禮、樂、刑、政，此爲聖人「唯務修其成萬物者，不言其生萬物者」。接著安石批評老子，他說老子以爲涉乎形器者，都是不足言、不足爲者，故欲去禮、樂、刑、政，唯道稱之，此是務高之過而未察於理，「夫道之自然者，又何預乎？唯其涉乎形器，是以必待於人之言也、

---

❻　見《文集》，卷41，〈禮樂論〉，頁124。

人之爲也」。安石對「三十輻共一轂，當其無，有車之用」作了
疏解，最後，他說：

> 今知無之爲車用，無之爲天下用，然不知所以爲用也。故
> 無之所以爲用者，以有轂輻也，無之所以爲天下用者，以
> 有禮、樂、刑、政也。如其廢轂輻於車，廢禮、樂、刑、
> 政於天下，而坐求其無之爲用也，則亦近於愚矣！㉔

安石分道之本末爲天道、人道，亦同於分道爲體、用的說法；天
下之道是相通如一，但旣爲末、爲用，則必有人爲，這裡的禮、
樂、刑、政四術，正如《洪範傳》中說五事是「繼天道而成性」
者，所以他要說：「人道極，則至於天道矣。」㉕ 如此，若能充分
實現人道亦就是天道了，天人相通於此，故而他要注重涉乎形器
者，這是他強調〈洪範〉所言卽天人之道之所在，此天人之道也
整個貫穿於對〈洪範〉所作的傳說之中。他又在〈郊宗議〉中
說：「始而生之者，天道也，成而終之者，人道也；……所謂天
者，果異於人邪？所謂人者，果異於天邪？」㉖ 天人之相通卽如
此。

安石雖說天道自然，聖人亦無爲、無言，但人道可通天道，
則必有所爲；他是反對命定論的，對於《論語》：「道之將興
歟？命也！道之將廢歟？命也！」加上按語說：「苟命矣，則如

---

㉔　見《文集》，卷43，〈老子〉，頁142。

㉕　見《道德眞經注》，〈致虛極章第十六〉，頁106。

㉖　見《文集》，卷7，頁57、58。

世之人何？」❻❼　這是他本於卽器明道以致用的精神。在《洪範傳》中說「五事」是修身之序，據此可以修心治身爲政於天下，這與他論德業、致用是相通的。安石有〈大人論〉說明由聖人之道而言的神，由其德而言的聖，由其事業而言的大人，此三者實爲一，皆爲聖人之名。他論說的主要目的是指出世人不明於此：

> 以爲德業之卑，不足以爲道；道之至在於神耳，於是棄德
> 業而不爲，夫爲君子者，皆棄德業而不爲，則萬物何以得
> 其生乎？……蓋神之用在乎德業之間。❻❽

德業爲神之用，是落實之論。在〈致一論〉中又說明聖人貴乎能致用，德業爲一事之兩端，由安身崇德而明致用之道，能致用於天下則事業可謂備矣❻❾！含有內聖外王之意味。

　　安石又在〈禮樂論〉中強調「百工之事，皆聖人作」，說「先王之道可以傳諸言、效諸行者，皆其法度刑政，而非神明之用也」❼⓪，故立聖人之法度卽立聖人之道，也卽傳聖人之心，安石作《洪範傳》之意也在此，他主張卽器言道以致用當可以得到

---

❻❼　見《文集》，卷42，〈行述〉，頁137。另可參見卷39，〈命解〉，頁105；卷45，〈推命對〉，頁157。綜合來看，安石雖言命，但非命定論者，他主張「君子脩身以俟命，守道以任時，貴賤禍福之來，不能沮也」。

❻❽　見《文集》，卷41，〈大人論〉，頁127。

❻❾　見同❻❽，〈致一論〉，頁127。關於安石的致用精神，可參見夏長樸〈論王安石的致用思想〉（《幼獅學誌》第十六卷，第四期，頁36-51）。

❼⓪　見同❻❸。

這些論點的支持。

《洪範傳》裡言「八政」的一段，安石說：「自食貨至於賓師，莫不有官以治之，……言官，則以知物之有官，言物，則以知官之有物也。」在論「汝則有大疑」一段，說明先謀之卿士庶民，然後謀及卜筮，是因所謀者乃人事也，「必先盡之人，然後及鬼神焉，固其理也」。在論「庶徵」一段，引孔子所言「見賢思齊，見不賢而內自省也」，對天變災異重在修省人事，「亦以天下之正理，考吾之失而已矣」。這裡都說明安石思想裡天道尤以人道以應之，人道之立亦是出之於天道，故須實踐人道以明天道，所以他強調「人道極則至於天道」。五行爲天道所生之材，成萬物而爲人用，沒有什麼神祕的色彩，五事爲人繼天道而成性，以下的八政、五紀、皇極、三德、稽疑、庶徵、五福、六極等，都是聖人知天人之道而垂之治教政令，所以說：「大哉聖人，獨見之理，傳心之言。」[71]

安石既以聖人得天人之道而傳治教政令，則君權爲其所重，他論「庶徵」時，以人君爲輔相天地，以理萬物者，認爲「天者，固人君之所當法象也，則質諸彼以驗此，固其宜也」。在解《老子》「王乃天」說：「王者，人道之極也。」人道極則至於天，天與道合而爲一[72]。所以在「日月之行」一段中說：「王無爲也。」如同天一樣，無爲而無不爲。在「無偏無陂」一段中論王道，就是以王比作天，王之爲物卽如天之爲物，是無作好惡、無偏黨、無反側，而王道之成是終於正直，所謂正直是指中德，故說：「尊德性而道問學，致廣大而盡精微，極高明而道中庸之

71　見同63。

72　見同65。

謂也。」這是人君合天道之義。人君亦不可有好惡、偏黨，要持正直中道而行。

安石雖然崇君權，但明顯的是以行王道爲說，而非盲目地尊君，他以君比於天，也有教戒人君應自覺其地位之重，要守天之虛，寂然不動。他在〈王霸論〉中說明王霸之別在於心之異，卽以根本心而言，自當重視建立自我，由正己而正人來落實。《洪範傳》裡說「敬用五事」是人君修心治身之序，然後才可以爲政於天下，用「敬」是「君子所以直內也，言五事之本在人心」，可見直內的修身就是要修人心，要建立自我。他說五事以思爲主，思是心的作用，而「心，體之主也」[73]，故而言修身之序主要在於思，因此其論修心是思辨之學，而非空泛的心論。又說思是「事之所成終，而所成始也」，是卽事而言者，此言君王之修身與君子同。

在「凡厥正人」一段，他強調人君能自治，然後可以治人，人然後可爲之用，人爲之用，然後可以爲政於天下。而人君又如何自治？安石認爲就是「惟皇作極」，卽建皇極、立大中之意，自身爲天下立成標準[74]。照此說則君王仍要先求修身始能治人，而非靠皇權之威則甚明矣！人君爲政法象於天，貴能自省自惕，此外，又需以民爲天，在「月之從星」一段，安石有很好的說明：

言月之好惡，不自用而從星，則風雨作而歲功成；猶卿士

---

[73] 見《文集》，卷38，〈易泛論〉，頁93。

[74] 安石以皇極之皇爲君王，此與孔穎達所疏相同，但孔傳以皇爲大之意，皇極卽大中，見《尚書注疏》，卷12，頁11上、下。

之好惡，　不自用而從民，　則治教政令行而王事立矣。

《書》曰：天聽自我民聽，天視自我民視。夫民者，天之
所不能違也，而況於王乎？況於卿士乎？

人君之行治教政令並不是皇權之威，是應聖人的天人之道，他在
〈與祖擇之書〉中說：

> 治教政令，聖人之所謂文也，　書之策，　引而被之天下之
> 民，一也。聖人之於道也，蓋心得之，　作而為治教政令
> 也，則有本末先後，權勢制義而一之於極；其書之策也，
> 則道其然而已矣。⑦

同樣地看法在〈周禮義序〉中也表現出來，他以為道在政事，制
而用之存乎法，推而行之存乎人⑦。〈洪範〉亦是如此，雖尊君
實乃要人君行聖人之治教政令也。人君要法天，是人道之極而可
至於天道，「夫聖人之術，修其身，治天下國家，在於安危治亂，
不在章句名數焉而已」⑦，這正是前面所說聖人貴致用在於德業，
「有待人力而萬物以成」。而安石對於人才與為學的觀點，在此也
多少透露了出來。

　　由上可知安石尊君的思想是以天人之道為說，要法天守虛，
並不主張絕對的皇權，《洪範傳》裡有伸張皇權的言論應作如是
觀，否則要人君修心治身、敬用五事、王道正直等當無意義。他

---

⑦　見《文集》，卷33，頁49。
⑦　參見《文集》，卷25，頁149。
⑦　見《文集》，卷31，〈答姚闢書〉，頁35。

強調君王的身分與職分，故說三德是君所獨任，而臣民不得僭越，是以皇極爲君與臣民共由之故，有其權，則必有禮以章其別，故不可僭越。「天子作民父母，以爲天下王」，因建皇極爲道，而民所知者德而已矣，這是他理想中的聖王；若如此，當可說作民父母。他說君臣關係是：「執常以事君，臣道也；執權以御臣，君道也。」又說：「君君臣臣，適各當分，所謂正直也。」舉凡君王的任官、舉事、御臣都有一定的法制，尤不可違民之意。至於其論治民之原則在「五福」一段，大要是使民得其常性，則民可壽，再使民得其常產以富之，加之毋擾民則民康寧，如此則可使人修好德則人可以令終。由上可知其重君道尤過於君權，因君道是要合於天道的。安石在〈善救方後序〉中說到不忍人之政：「夫君者，制命者也，推命而致之民者，臣也；君臣皆不失職，而天下受其治。」[78] 是知君臣各有其道。他在〈上曾參政書〉中又談到君臣之義，反對君要臣左右，則臣必左右之，害至於死而不敢避的看法，並語之爲無義、無命[79]。這些都佐證在《洪範傳》中所論的君權思想，君臣各有其道，而非盲目地尊崇絕對之君權。

　　安石所論又有變通趣時之觀點，他在首段敍論中說到「建用皇極」立大中之本時，又提出趣時來配合，「趣時，則中不中，無常也，唯所施之宜而已矣」，這就是變通趣時。「三德」在他看來就是趣時之用，後面傳文中論此「三德」時說：

　　　正直也者，變通以趣時，而未離剛柔之中者也……《易》

---

⑦⑧　見《文集》，卷25，頁153。
⑦⑨　參見《文集》，卷30，頁20。

曰：道有變動，故曰爻；爻有等，故曰物；物相雜，故曰
文；文不當，故吉凶生焉。

變通趣時是《易傳》中主要的思想。前面已說到安石受《易傳》
影響極大，這裡論「三德」則又爲一例，《易傳》中說：「剛柔
相推，變在其中矣，……剛柔者，立本也；變通者，趣時者也，
……功業見乎變。」[80] 這是用《易傳》的剛柔來說明「三德」之
義。人君建皇極以三德來變通趣時，又合乎《易傳》所說化裁推
行與舉措天下之民的事業，故而〈繫辭〉說：

化而裁之存乎變，推而行之存乎通，神而明之存乎其人，
默而成之，不言而信，存乎德行。[81]

此因化之自然而裁制之的德行，應是安石所論之「三德」；所以
他說：「蓋先王用此三德，於一顰一笑，未嘗或失。」功業、事
業皆言人道，但化裁之變仍需因乎自然而不悖，《易傳》所說變
之義卽在此[82]。安石以人事應通天道卽其變通趣時之所據，故而
他在〈進洪範表〉中說是爲趣時應物，當考箕子之所述之義。

安石本身爲學重「內得於己」與「自治」，他說：「聖人內
求。」[83] 但「聖人之道，得諸己，從容人事之間而不離其類焉」

---

⑳　見《周易正義》，卷8，〈易繫辭下〉，頁1下、2上。

㉑　見《周易正義》，卷7，〈易繫辭上〉，頁32下、33上。

㉒　參見朱熹《周易本義》，〈繫辭上傳〉，頁63。又孔穎達《正義》
　　亦以「陰陽之化，自然相裁」爲聖人所法之自然而化，參見同㉑，
　　頁32上。

㉓　見同㉝，頁123。

⑭，所得要在人事之間，能得於己則在於後天之學，亦卽是「自治」，學有成則「天地不足大，人物不足多，鬼神不足爲隱，諸子之支離不足惑也」⑮，　君子之自治與君王之自治皆同，都可以達到一定的地步，　然後可以變通制法。聖人亦是如此，安石論〈夫子賢於堯舜〉說：

> 蓋聖人之心，不求有爲於天下，待天下之變至焉，然後吾因其變而制之法耳。至孔子之時，天下之變備矣，故聖人之法，亦自是而後備也。《易》曰：「通其變，使民不倦。」此之謂也。故其所以能備者，豈特孔子一人之力哉？蓋所謂聖人者，莫不預有力也。孟子曰：孔子集大成者，蓋言集諸聖人之事，而大成萬世之法耳。⑯

聖人垂教制法卽所謂道，爲後世所當學，亦卽所求自治之方向，安石所言之孔子不在位而在德，是集古聖王之大成，自當爲後世之典範，　儒家所言堯舜至孔孟之道在政治上卽王道，　安石說：「以仁義禮信修其身，而移之政，則天下莫不化之也。」此卽王者之道⑰。但安石並不拘泥於此，他提出「三不欺」之論，卽所謂聖人之政，仁足以使民不忍欺，智與政足以使民不能、不敢欺，三者兼用之⑱；爲君王者的「自治」當要明白於此。所以在

---

⑭　見同⑬，頁125。

⑮　見同⑭。

⑯　見《文集》，卷42，頁131。這種說法後來章學誠亦有類似的論點，見《文史通義》，〈內篇・原道上〉，頁23。

⑰　見《文集》，卷42，〈王霸〉，頁133。

⑱　見《文集》，卷42，〈三不欺〉，頁132。

《洪範傳》裡，人君既行先王之道，當可以作福作威以應剛柔之用，此爲人君之權，臣民不得僭禮侵權。安石以「三德」爲君道，故而作福是「柔克」之事；而作威則是「剛克」之事，以此君權以御臣下，人君不得「蔽於衆而不知自用其福威」，這是他論人君治人的一段。在「凡厥庶民……而畏高明」這段，都是論治人之法；在此前論建皇極則是人君之自治，由自治、治人，而後則人爲之用。在「人之有能有爲……其作汝用咎」一段，都是對人爲之用的說明。安石由自治、治人、人爲之用的系統論述，雖是以君權爲重，但卻要建立在自治的基礎上出發，也就是君王要先做到修治其身的大前提，可以說是側重於修己以安人、安百姓的成德工夫；如此，安石所論之君王之道乃內聖外王之道，這也是法天守虛的另外一面。

〈洪範〉在傳統上被認爲是君王大法，安石在政治上的抱負與作爲以及他所處的時代，對〈洪範〉的疏解就時時透露出對君王的要求，他雖強調君權，但不提倡天命或天人感應。他以爲人道可通天道，通是要在自治或修身力學之後，則天地陰陽可數，萬物亦可指籍而定❸。他論宇宙自然的天道，用五行的生成變化來說，在於生繼克治的自然觀點，人能繼天道以成性，可以成哲成聖，於是天人可以相通。人須明白五行自然之道而善用之，垂教制法乃有功業；因爲天道有其規律與必然性，萬物亦莫不有理，可以一致而百慮，透過安身崇德與致用，則事業可備，爲神、爲聖、爲大人皆如是。安石以人道之極爲天道，君王是最易實踐此人道之極者，將天道放在君王的道德實踐上 —— 行王道，也就是

---

❸　參見同❸。

內聖外王與法天守虛。他以爲〈洪範〉所述乃卽器以明道，故聖
王之君當尊；而人君必當法堯舜，明天人之道，由修身敬用五事
求自治；以次八政、五紀、皇權、三德等等，安石之政治思想殆
可明矣！又爲〈洪範〉作傳，安石寓有教導君王之意，也可知他
是有爲帝王師友的思想。

## 三、王安石的財經思想

### I. 以義理財

　　安石主持變法新政，其中關於理財部分居半，正是因應當時
財經上的問題而提出改革之道。在第一章中敍述安石的生平與時
代環境時，多少已說明了其時的困境，安石的親身經歷及目睹的
實況，使他在財經與國計民生上投注了很大的精力。宋代的國計
民生發生問題是累積而來的結果，一方面是唐末以來造成的民生
凋敝，一方面是宋開國以來政策的不良所致，這對安石而言，都
是亟須改革的地方。安石的新政重於人才與法度二者，兩者相關
相濟，卽培養人才以行新法，而立新法有以培養人才，他說當時
朝廷未得賢才，政事也不合法度，以至於「官亂於上，民貧於
下，風俗日以薄，財力日以困窮」[90]；所以變風俗、立法度，成
爲安石行新政時先期著手的要務。

　　從理財居半的新法中，可以看出安石在財經方面的思想。他
的理財原則在第一章中也提到，卽「因天下之力以生天下之財，
取天下之財以供天下之費」，在安石的看法是財力不足乃因生財

[90]　見《文集》，卷1，〈上時政疏〉，頁13。

無道，天下有足夠的財力，在於如何開發生財，國家與人民共同投入來生財，而所生之財是要供給國家與全民的費用，而此費用也必然足夠，不虞匱乏；所謂立法度，就是要設計出適當的制度，改革不合於當世之用的法。新政的措施固然有「因天下之力以生天下之財」這種總綱式的思想，但落實在法制的層面時，又都可以看出它的實際背景來。

安石認爲理財是爲政的要務，與天下的興亡有關，他說「聚天下之眾者，莫如財」[91]，就簡單指出財的重要，而「理天下之財者，莫如法」，理財在於立法，既供國用，復利於民生，他說：

> 蓋聚天下之人，不可以無財；理天下之財，不可以無義。夫以義理天下之財，則轉輸之勞逸，不可以不均；用度之多寡，不可以不通；貨賄之有無，不可以不制；而輕重斂散之權，不可以無術。[92]

生產與財富是維繫天下的要素，要理財始能使生產與財富達到其功能，理財須立法，而立法的精神是以「義」，以義理財就是公平合理的法度，如此，均役、通用、制貨、權術等事項的講求，成爲理財立法的重點，也是在技術上要做到的制度規則。

以「義」理財的精神正反映出當時國計民生上的諸多不合理之處。宋自建國以後至中期變法之際，政府財政上有冗兵、冗官、冗費之三冗問題，財政日困窘，但不能求之於聚斂民間，而

---

⑨ 見《文集》，卷18，＜翰林學士除三司使＞，頁42。
⑨ 見《文集》，卷 8 ，＜乞制置三司條例＞，頁66。

民生凋敝已急待改善，更何能加賦稅於民？自然要謀求新法加以
改革，未有良法理財之前，諸多事務不能展開。熙寧四年，神宗
患陝西財用不足，安石說：

> 今所以未舉事者，凡以財不足故，臣以理財為方今先急，
> 未暇理財而先舉事，則事難濟，臣因嘗論天下事如弈棊，
> 以下子先後當否為勝負；又論理財以農事為急，農以去其
> 疾苦，抑兼併，便趣農為急，此臣所以汲汲於差役之法
> 也。❽

安石汲汲於差役法的改革，正是直接關係到民間疾苦，他施政的
先後次序如同下棋，舉棋的先後干係於成敗，理財有方，則舉事
可成。理財的對象先在廣大的農民，能去農民的疾苦，才能「因
天下之力以生天下之財」，農民是占絕對的多數，自然是首先要
關注的，否則「天下之力」將從何來？
　　欲去農民疾苦不只是差役的改革，其他如青苗法、農田水利
法、方田均稅法、市易法以及均輸法等都與民生經濟有關，而前
面所說的均役、通用、制貨、權術等，也都是這些新法的落實。
安石又說到「抑兼併」，這與民生疾苦與理財以「義」有極大關
聯，留待後面再論。在農民疾苦方面，安石有深刻的了解，從他
的一些詩中，不難發現其中的情形，如〈促織〉：

> 金屏翠幔與秋宜，得此年年醉不知，祇向貧家促機杼，幾

---

❽　見《長編》，卷220，頁15下。

家能有一鉤絲？ ⑭

又如〈郊行〉：

> 柔桑採盡綠陰稀，蘆箔蠶成密繭肥；聊向村家問風俗，如
> 何勤苦尚凶饑。⑮

兩詩中描寫農民辛勤苦勞，耕織生活卻衣食匱乏，民生的問題充
分曝露出來；若遇到水潦之災，其狀況更是淒慘：

> 白日不照物，浮雲在寥廓，風濤吹黃昏，屋瓦更紛泊。行
> 觀蔡河上，負土私力弱，隋堤散萬家，亂若春蠶箔。仍聞
> 決數道，且用寬城郭，婦子夜號乎，西南漫為壑。⑯

這是安石在貫達京城汴京的蔡河上，看到的水患情形：散在隋堤
上的百姓民家，如箔上春蠶，散亂蠕動，屋瓦承受不住風濤摧
折，面對洪濤，民力似已支撐不住，但為護衛京城，仍要開道疏
洪，在婦孺徹夜的呼號聲中，眼看著西南面已成了澤壑。除了這
些詩中所看的民生問題外，安石有一首寓言性的〈禿山〉詩，巧
妙地刺諷官民間的問題，李璧的箋註說：「似言天下生齒日眾，
更為貪牟，公家無儲積，而上未盡教養之方也。」⑰

---

⑭　見《箋註王荊文公詩》，卷46，頁13下。
⑮　見同⑭，頁4下。
⑯　見同⑭，卷11，〈白日不照物〉，頁3下。
⑰　見同⑭，卷19，頁7上。

　　民生困苦，但政府稅收又不能免，於是有迫於生活乃鋌而走險，在〈收鹽〉詩中就有很好的描寫：

> 州家飛符來比櫛，海中收鹽今復密。窮囚破屋正嗟嘆，吏
> 兵操舟去復出。海中諸島古不毛，島夷為生今獨勞。不煮
> 海水餓死耳！誰肯坐守無亡逃。爾來盜賊往往有，劫殺賈
> 客沈其艘。一民之生重天下，君子忍與爭秋毫。❾⑧

這是說海中小島原爲不毛之地，島民賴煮鹽爲生，但官府嚴禁私鹽，於是緝私文告不斷，島民窮愁困頓，不煎海煮鹽無以爲生，然卻犯法干禁，甚至淪爲盜賊，劫殺來往商旅。安石對這些島民表示了同情，島民爲了生存而私自煮鹽，官府奉公緝拿也無不是，但在安石看來，這種毫末的稅捐，似乎不需如此計較，讓島民無以生存而去走險了。從政府的立場來看，安石認爲應該設法改善島民的生計才是正途，一味緝拿「忍與爭秋毫」豈是正途？

　　安石不但對民生困苦深抱以同情，也對政府的未盡其責加以揭露，尤其不滿於地方官吏的不能勤政愛民，他對此有深刻的感慨，所以有〈感事〉詩一首說：

> 賤子昔在野，心哀此黔首，豐年不飽食，水旱尚何有？雖
> 無劇盜起，萬一且不久，特愁吏之為，十室焚八九。原田
> 敗粟麥，欲訴嗟無賕。間關幸見省，鞭笞隨其後，況是交
> 冬春，老弱就僵仆。州家閉倉庾，縣吏鞭租賦。鄉鄰銖兩

---

❾⑧　見同❾④，卷17，頁4上。

徵，坐逮空南畝，取貲官一毫，姦桀已云富。彼昏方怡
然，自謂民父母。⑨

詩的後面還有幾句，意思是說上面所描述的情形，使安石自己有
很深的警惕，當年所哀的黔首，如今身爲官員來治理他們，特別
要做到勤政愛民，不可使人民受到他所敍述的那種情形，所謂不
忍人之政卽是如此。

　　因見於民生疾苦及政府財政的困難，而官方又無良法解決這
些問題，安石認爲問題的癥結在於理財，他說孟子所言之利在於
利吾國、利吾身，故「政事所以理財，理財及所謂義也」，又
說：「一部《周禮》，理財居其半，周公豈爲利哉？」⑩要「因民
之所利而利之」。安石敢於言利就是在這個基礎上，拋開了一般
士大夫以爲言利則爲聚斂的陋見；他敢於回答反對者司馬光說：
「爲天下理財，不爲征利。」⑩他與司馬光等的意見相左，是「所
操之術多異故也」，安石所操之術就是因民之利而利之的理財之
術，這是他認爲的「義」。

## II. 抑兼併

　　既以義理財，則社會上不義之處，當爲安石要整頓的對象，
前面說到「抑兼併，便趣農爲急」，理財與農民的生產、賦役關
係密切，民間的生計、疾苦實在是指佔大多數的農民，安石以爲
抑兼併爲理財之急務，而有助於農民之生計；他認爲需要法先王

⑨　見同⑧，頁5下。

⑩　見《文集》，卷29，〈答曾公立書〉，頁12。

⑪　見《文集》，卷29，〈答司馬諫議書〉，頁12。

來解決兼併的問題，因爲他親身看到民貧的困境以及兼併而產生
的狀況，在〈發廩〉詩中有很好的表達：

先王有經制，頒貸上所行，後世不復古，貧窮主兼併。非
民獨如此，爲國賴以成，築臺尊寡婦，入粟至公卿。我嘗
不忍此，願見井地平，大意若未就，小官苟營營。三年佐
荒州，市有棄餓嬰，駕言發富藏，云以救鰥惸，崎嶇山谷
間，百室無一盈，鄉豪已云然，罷弱安可生，茲地昔豐
實，土沃人良耕，他州或呰窳，貧富不難評，……[102]

安石對貧富不均的現象有很深的感慨，也表現出「願見井地平」
的理想，民間疾苦及抑兼併之情充分流露。另一首〈兼併〉詩，
是直接對此抒懷：

三代子百姓，公私無異財，人主擅操柄，如天持斗魁。賦
予皆自我，兼併乃姦回，姦回法有誅，勢亦無自來。後世
始倒持，黔首遂難裁，秦王不知此，更築懷清臺。禮義日
已偷，聖經久堙埃，法尚有存者，欲言時所咍。俗吏不知
方，掊克乃爲材，俗儒不知變，兼併可無摧。利孔至百
出，小人私闔開，有司與之爭，民愈可憐哉！[103]

詩言三代之治，視民如子，公私無異，人君操大權，故而不允兼
併，兼併者爲奸邪之徒，必受法律制裁，是以無兼併的現象。至

---

[102]　見同[93]，頁5上、下。

[103]　見同[94]，卷6，頁6上。

於後世君王不明此理，百姓遂難以裁理，秦始皇爲富豪巴寡婦築懷清臺就是不懂兼併之害的例子。愈往後愈是禮義崩壞，至於以聚斂徵暴爲才幹，迂儒亦不懂得抑兼併之必要，造成利欲之路百出，奸詐小人大肆活動，加上官方也參與爭財奪利，百姓們則日愈悲慘了。

安石明白指出兼併者是奸人，而兼併之能發生，在於統治階層是否能有效治其國，人君的觀念是否清明，還有社會上對兼併是否認識清楚，否則，任由兼併發生，加上官方也爭利，蒼生眞可憫了。安石有「賦予皆自我」的觀念，以人君代表國家，作整體的規劃，將「倒持」的現象扭轉過來。

從上面的詩句中可看到安石對抑兼併的重視，但是在另一首〈寓言〉詩中，又提出其他的看法：

婚喪孰不供，貸錢免爾縈，耕收孰不給，傾粟助之生。物贏我收之，物窘出使營，後世不務此，區區挫兼併。⓮

李璧箋註說：「公詩嘗云俗儒不知變，兼併可無摧，而此詩乃復以挫兼併爲非。」這是指前面所提的〈兼併〉詩中的句子，以爲安石在前詩裡主張抑兼併，而〈寓言〉詩中又說「後世不務此，區區挫兼併」，兩者頗有矛盾之處。實際上安石在此並無矛盾，若只從文字上來看，似乎難以說明，但從內容及思想上而言，應可理解其間並無矛盾。李璧在此詩的另一段箋註中已說得很明白，他說：

---

⓮　見同⓬，卷15，〈寓言〉之三，頁1下。

謂民貨不售，則為歛而買之；民無貨則賒貰而予之。孰有
婚喪而不能贍者，官當貸之；孰有耕稼而不能贍者，官當
助之；此公所以為新法。

詩中所寫即為安石新法中所包含的內容，就是說解決兼併的方
法，應從這些措施著手，始為正本清源之道，而不是沒有方法的
作為，只為達到抑兼併的目的，並不能真正解決問題，也就無法
達到實際的目的。換言之，安石以詩中的「貸錢」、「傾粟」、「羸
收」、「窖出」等方法來建立一套制度，其結果自然可解決兼併的
發生問題，不是徒喊抑兼併之號，強取壓制而行。如此可知，安
石是主張抑兼併如〈兼併〉詩中所言，表達他對這問題的看法，
而其手段則是〈寓言〉詩中的作法，故而並無在思想上的矛盾之
處。

　　在抑兼併的立場上，安石相當堅持，但他提出「制法加於兼
併之人」的主張來抑兼併，同時也要「制法加於力耕之人」❿。
這是安石與神宗討論租庸調法時所論，他認為此法近於井田制，
已粗具先王遺意，在〈發廩〉詩中有「願見井地平」之句，就是
這裡所討論的井田之意，安石相信制法來抑兼併、助力耕，也就
是法先王的遺意了。而兼併之人多為豪強，是安石要制法所加之
人；在他與神宗討論助役錢多寡的問題時，他以為要「度時之
宜」，故官戶、坊郭戶取錢不多，可減少紛紛擾攘的阻力，否則，
官戶蓄意壞法，製造議論，坊郭戶則糾眾請願，諸事難以施行，
所以要熟計利害，深見情偽，明示賞罰政令，如此配合則可息浮

---

❿　見《長編》，卷223，頁4上。

說詭計，當「豪猾吏民自當帖息」之時，「雖多取於兼併豪強，以寬濟貧弱，又何所傷也！」⑩ 所謂計利害、見情偽、明賞罰等都是施政的手腕，「度時之宜」的考慮最為重要，阻力息止則施政基礎穩固，抑兼併的目的也不難達到。觀安石之意，多少帶有「劫富濟貧」的意味， 不過， 他既認為要以制法的手段來抑兼併，絕不會是強取豪奪的，否則「以義理財」將說不通了。

安石在回答神宗關於役錢問題時，再度可見他對兼併的處理態度：

> 今取於稅戶固已不使過多，更過當減，但為厭人言，卽無當于義理。若方可取之時取之，待其凶年闕食，量彼力不足，而我所收役錢有餘，則特與放一科，此乃是于粒米狼戾時多取之， 于食不足時，則賙之，合於先王不忍人之政。朝廷制法，當內斷以義，而要久遠便民而已，豈須規規恤淺近之人議論。陛下以為稅斂甚重，以臣所見，今稅斂不為重，但兼併侵牟爾，此荀悅所謂：公家之患優于三代豪強之暴，酷於亡秦。上曰：此兼併所以宜摧。安石曰：摧兼併，惟古大有為之君能之，所謂兼併者，皆豪傑有力之人，其議論足以動士大夫者也，今制法但一切因人情所便，未足操制兼併也，……如兩浙助役事未能，大困兼併也，……上曰：如常平法亦所以制兼併，安石曰：此於治道，極為毫末， 豈能遽均天下之財， 使百姓無貧？……⑩

---

⑩　參見同⑩，頁11下。

⑩　見同⑩，頁16下、17上。

「以義理財」就是「不忍人之政」，可取時取之，民力困之時則濟之，這是當於義理者。安石將兼併之害說得極清楚，也舉出了兩浙路的例子。兼併之人乃豪傑有力之人，前面提到的「豪猾吏民」，〈兼併〉詩中的「姦回」，朝廷要「斷以義」來制法摧抑之，神宗舉的常平法即指此，在安石說是「毫末」，其根本是「均天下之財，使百姓無貧」，但仍爲制法以抑兼併。目的雖爲均貧富，但「豈能遽均之」？要通過合於「義」的制法來達成，可以說均貧富與井地平一樣，是安石的理想，達成的要件是抑兼併，而如何摧抑則爲制法行之。

對於商賈的態度與上面所論相似，安石說：

> 蓋制商賈者惡其盛，盛則人去本者眾；又惡其衰，衰則貨不通；故制法以權之，稍盛則廛而不征，已衰則法而不廛。 ⑩

對於商賈既惡其盛又惡其衰，盛衰皆有其弊，故欲維持適當的狀況，就需要「制法以權」。安石所講的法本於《孟子》「市廛而不征，法而不廛」，並考之《周官》作爲根據，這實際上也是與上面所說抑兼併同義，並非奪人產業、財富爲摧抑之法。安石與神宗討論范育所提關於田役問題時說：

> 今朝廷治農事未有法，又非古備建農官，大防圩埠之類，播種收穫補助不足，待兼併有力之人而後全具者甚眾，如

---

⑩　見《文集》，卷28，〈答韓求仁書〉，頁4。

何可遽奪其田以賦貧民，此其勢固不可行，縱可行亦未為
利。❿

抑兼併並非奪田以濟貧，「如何可遽奪其田」與上面說「豈能遽
均天下之財」是一樣的。

抑兼併是安石關於財經的重要思想，他在多處反覆述說這一
問題。在安石看來，兼併問題始終存在，它不只是與民生生計有
關，與朝廷施政有關，甚至也與政權有關，這是安石所體認到的
嚴重性，他說：

> 夫合天下之眾者財，……有財而莫理，則阡陌閭巷之賤
> 人，皆能私取予之勢，擅萬物之利，以與人主爭黔首，而
> 放其無窮之欲，非必貴彊桀大，而後能如是，而天子猶為
> 不失其民者，蓋特號而已耳。雖欲食蔬衣敝，憔悴其身，
> 愁思其心，以幸天下之給足，而安吾政，吾知其猶不得
> 也。❿

「以與人主爭黔首」就是兼併之家能造成的結果，其時天子恐為
虛有之名號，再如何地憔悴愁思，也難安定政局，這就直接影響
政權的鞏固了。安石對理財的重視及對兼併的看法，實在是有其
深意的。他強調財能合天下之眾，即民心繫之於財經，而「理天
下之財者法」，透過立法來處理財經問題，即變法新政中的各項
設施，如此，兼併問題可有合理的途徑解決，又可協助民生的改

----

❿ 見《長編》，卷213，頁14下、15上。

❿ 見《文集》，卷26，＜度支副使廳壁題名記＞，頁158。

善；均貧富、井地平的理想始有實踐之可能。

　　安石言道德性命，自然會有不忍人之政的觀念，在理財上強調「以義理財」也是可以理解的；制法以抑兼併、助民生是合乎義理的方式。安石的財經思想與其哲學之相爲呼應可知。

# 第七章 王安石的人才 及教育思想

在第一章中曾敍述安石之生平，言及其〈上仁宗皇帝言事書〉，其中提及他對當時人才的重視及看法，以教之、養之、取之、任之四個方面詳加議論。這是安石人才思想的基本看法，亦即人才、吏治、改革間的相互關係。第四章所論安石之倫理學及知識論，可以了解在這些方面的哲學內容，此與人才及教育思想也有關聯，即透過人性論、政教關係、知識論等而發展出其人才、教育思想。在第五章論安石的經學研究中，提到他以經術造士的主張，就是由經學教養以造就人才的看法。在本章中即欲處理這些相關問題，而展現安石的人才及教育思想。

## 一、人才論

安石論時政，曾屢次公開陳述其時之弊端，並指出與人才的直接關聯，在〈上仁宗皇帝言事書〉中說：

> 然而臣顧以謂陛下雖欲改易更革天下之事，合於先王之意，其勢必不能者，何也？以方今天下之人才不足故也。臣嘗試觀天下在位之人，未有乏於此時者也。夫人才乏於

上，則有沈廢伏匿在下，而不為當時所知者矣；臣又求之於閭巷草野之間，而亦未見其多焉；豈非陶冶而成之者非其道而然乎？ ❶

在〈上時政疏〉中說：

蓋夫天下，至大器也。非大明法度，不足以維持；非眾建賢才，不足以保守，……賢才不用，法度不修，偷假歲月，則幸或可以無他；曠日持久，則未嘗不終於大亂。……方今朝廷之位，未可謂能得賢才；政事所施，未可謂能合法度；官亂於上，民貧於下，風俗日以薄，財力日以困窮；……❷

在〈本朝百年無事劄子〉中說：

然本朝累世，因循末俗之弊，……一切因任自然之理勢，而精神之運有所不加，名實之間有所不察，君子非不見貴，然小人亦得廁其間；正論非不見容，然邪說亦有時而用；以詩賦記誦求天下之士，而學校無養成之法；以科名資歷敘朝廷之位，而無官司課試之方；監司無檢察之人；守將非選擇之吏，轉徙之亟，既難於考績，而游談之眾，因得以亂真；交私養望者，多得顯官，獨立營職者，或見排沮，故上下偷惰取容而已，雖有能者在職，亦無以異於庸人。農民壞於徭役，……兵士雜於疲老，……❸

❶　見《文集》，卷1，頁2。
❷　見同❶，頁13。
❸　見《文集》，卷3，頁34。

以上三段資料中可看出宋代中期之弊壞所在， 照安石的眼光來
說，正是「官亂於上，民貧於下」的田地，這也是安石變法思想
的現實因素，國家到了非大力整頓的時節。這些時政之弊，在於
法度之變更，卽變風俗、立法度，而其變立則在於人才，所謂中
興以人才爲本，在安石則是變法以人才爲本。

安石在嘉祐三年（1058）任職提點江東刑獄時，曾有詩作，
說明當時茶法之弊，也指出了人才的問題：

> 余聞古之人，措法貽厥後， 命官惟賢材， 職事又習狃，
> ……公卿患難才， 州縣固多苟， 詔令雖數下， 紛紛誰與
> 守？官居甚傳舍， 位以聲勢受， 旣不責施爲， 安能辨賢
> 不？區區欲救弊， 萬謗不容口， 天下大安危， 誰當執其
> 咎？勞心適有罪， 養譽終天醜！ ❹

這正是「官亂於上」很好的註腳，官非其任，天下安危自不免其
咎。法度不合時宜，更立白需人才，而「命官惟賢材」， 反而說
明其時官員多非人才，是以安石所見，當時所謂人材已「安能辨
賢不」，朝廷固「旣不責施爲」，而政治風氣已壞，人材不堪當世
之用。

安石以爲當務之急在於求人才， 他說：「大材之用，國之棟
樑也；得之則安以榮，失之則亡以辱。」❺ 國之安危榮辱繫之於
此，所以他要說「天下大安危，誰當執其咎」， 然而安石也特別
提出君主之對人材可能有的錯誤觀念：

❹ 見《箋註王荆文公詩》，卷6，頁8上。
❺ 見《文集》，卷39，〈材論〉，頁103。

其尤弊者，以為吾之位可以去辱絕危，終身無天下之患，
材之得失，無補於治亂之數，故倨然肆吾之志，而入於敗
亂危辱，此一蔽也。又或以謂吾之爵祿貴富，足以誘天下
之士，榮辱憂戚在我，吾可以坐驕天下之士，將無不趨我
者，則亦卒入於敗亂危辱而已，此亦一蔽也。又或不求所
以養育取用之道，而諰諰然以為天下實無材，則亦卒入於
敗亂危辱而已，此亦一蔽也。❻

這是說君主人材觀的三蔽，其一是人材之有無無關乎治亂，憑藉
君王之權位可避天下之患；其二是憑富貴招誘，人材自然前來；
其三是不講求養育取用之道，反以為天下無人材可用。安石指出
的三蔽，確實道盡君王之心態。不過安石也為君王之蔽辯解，以
為是君王不明其故所造成，進一步安石說明人才是「惟其遇事而
事治，畫策而利害得，治國而國安利」，君王只要能精察、審用
則可得人才，即盡道以求，當其所能以試之，可以判別人材之賢
否。

安石既指出「國以任賢使能而興，棄賢專己而衰」❼，此為
必然之勢，古今之通義，流俗所共知之理，但要在於用與不用。
蓋有賢而用，乃國之福，若有賢而不用，如同無有。安石所謂的
人才是「其材亦可以為天下國家之用」者❽。具體人才的標準，
安石有〈取材〉一篇來說明❾，他以為聖人治國必先選賢聚實，

---

❻　見同❺，頁104。

❼　見《文集》，卷44，〈興賢〉，頁153。

❽　見同❶，頁3。

❾　見《文集》，卷44，頁151、152。

蓋取人之道，乃世之急務。漢代左雄所說「諸生試家法，文吏課
牋奏」，安石對此加之闡釋：

> 所謂文吏者，不徒苟尚文辭而已；必也通古今，習禮法、
> 天文、人事，政教更張，然後施之職事，則以詳平政體，
> 有大議論，使以古今參之是也。所謂諸生者，不獨取訓習
> 句讀而已，必也習典禮、明制度，臣主威儀，時政沿襲，
> 然後施之職事，則以緣飾治道，有大議論，則以經術斷之
> 是也。

安石將漢代文吏、諸生二途作了最完整的解說，合於這種標準
的，就是其心目中之人才。他又以宋代的情形來比附說明，以文
吏比之於進士，儒生比之於經學，故而也同時指出今不如古，因
為宋代策進士，但以章句聲病·苟尚文辭，「類皆小能者為之」。
至於策經學者，則徒以記問為能，不貴大義，「類皆蒙鄙者能
之」。通才高士被排於時俗之餘，屬父守經者皆不予於政事、義
理；父兄、師長也勸勉其子弟門生「相為浮艷之作，以追時好而
取世資也」。如此習染成風，當居官歷職時，一旦國家有大議
論、立辟雍、明堂，損益禮制，更著律令、決讞疑獄之際，豈能
詳乎政體，緣飾治道，以古今參之，以經術斷之哉？不過是唯唯
諾諾而已。故而安石以為「才之不可苟取」，他所謂的人才，不
是當時的進士、經生，當時的情形是：

> 今以少壯時正當講求天下正理，乃閉門學作詩賦，及其入

官，世事皆所不習，此科法敗壞，人才致不如古。 **⑩**

由科舉取士，不合安石的人才標準，認為科舉已壞，無由中得人才，既需改革科舉，復欲由學校中取士，這與他的教育思想有關，容下節中再論。

由安石對文吏、諸生的解釋，可以看出他所稱的人才標準何在，這些就是能治事、策劃、治國之人，能為天下國家之用者。若君王對人才觀有正確之認識，避免前述的三蔽，將「取人之道」視為「世之急務」，則可以施行進用人才，安石又提出了五項原則性的觀點：其一為博詢眾庶，即廣泛徵詢眾人意見；其二為不有忌諱，即開放言論，不立規戒；其三為不邇小人，即不使小人進逞；其四為不拘文牽俗，即不拘泥條文、死守形式；其五為不責人以細過，即不求全責備，宜由大處著眼**⑪**。這些求才待才之原則是興賢使能之條件，至於如何能使天下才能之士眾多，以待朝廷之用，安石一套完整之計畫，即陶冶人才方案，循此方案造就人才，然後朝廷可以擇人取足，得其才，「然後稍視時勢之可否，而因人情之患苦，變更天下之弊法，以趨先王之意甚易也」**⑫**，用人才來變法改革，達於先王之道，是安石人才論之最終目的。

安石在〈上仁宗皇帝言事書〉中強調人才為當今急務，人才靠陶冶而成，但須有其道，即教之、養之、取之、任之四個步驟，每個步驟亦皆有其道。所謂教之之道，在於廣設學校，嚴選

---

**⑩** 見《宋史》，卷155，〈選舉一〉，頁16下。

**⑪** 見同**⑦**。

**⑫** 見同**❶**。

教官，注重教學之內容，務必做到的是：

> 朝廷禮樂刑政之事，皆在於學；士所觀而習者，皆先王之
> 法言、德行、治天下之意，其材亦可以為天下國家之用，
> 苟不可以為天下國家之用，則不教也，苟可以為天下國家
> 之用者，則無不在於學。

第安石之意，學校始為教育人才之正途，且「自國至鄉黨皆有學」，是普及教育之觀點，目的在於廣教士子，合於他所言「誠能使天下之才眾多」，以備「擇其人而取足焉」。但安石又指出州縣雖有學，不過是「取牆壁具而已」，沒有適當之教官及長育人才之事，雖太學尚有教官，然選擇不嚴。學校未教禮樂刑政之事，學者也漠然以為禮樂刑政為有司之事，非所當知，學校所教只在講說章句而已，此大背古者教人之道。至於課試文章，非博誦強學，窮日之力不能成，及其能工，人則不足以用天下國家，小則不足以為天下國家之用，即使白首讀書，及使之從政，則茫然不知其方，這種耗精疲神、窮日之力的學習，是「以朝夕從事於無補之學」，非但不能成人之才，又從而困苦毀壞之，使不得成才。人之才乃「成於專、毀於雜」，士人就學不在章句、課試文，而在於禮樂刑政等實用之學。因而進一步安石提倡「士之所學者，文武之道也」，他以為士之才有大小，可以為公卿大夫，可以為士，但至於武事，不論才之大小，未有不學者，以古之教士重在射御，所謂居常為揖讓之禮，出則以是從征戰，若士皆習於此，則邊疆宿衛之任，可以擇取不虞。安石所倡厥為文武合一之教育。

所謂養之，指取才居官之後，朝廷待養之道。安石用饒之以財、約之以禮、裁之以法來鋪陳養之之道的內容。他首先指出「方今制祿，大抵皆薄，自非朝廷侍從之列，食口稍眾，未有不兼農商之利，而能充其養者」，若養生送死不足，一般官員難以養廉，所造成之結果是：

> 故今官大者，往往交賂遺，營貲產，以負貪汙之毀；官小者，販鬻乞丐，無所不為。夫士已嘗毀廉恥以負累於世矣；則其偷情取容之意起，而矜奮自強之心息，則職業安得而不弛，治道何從而興乎？又況委法受賂，侵牟百姓者，往往而是也。

故饒之以財的考慮是人情不足於財，則貪鄙苟得，無所不至，在物質上給予合理的待遇，做到養生送死無憾，將可使之離貪鄙之行，盡職從公，然後始能要求其治績。

饒之以財乃物質適當地滿足，接著可約之以禮，為免人情足於財而無以節制，則又放僻邪侈，無所不至。天下之俗以奢為榮，以儉為恥，至「富者貪而不知止，貧者則勉強其不足以追之，此士之所以重困而廉恥之心毀也」，故宜制制度，以命數為之節，而齊之以律度量衡之法，凡婚喪、祭養、燕享之事，服食、器用之物皆以禮節之。

繼約之以禮後，安石復提出裁之以法。由教之以道藝、約之以制度、任之以職事，而後若有不帥教、不循禮、不任事者，乃不得已而嚴禁治察。但安石強調裁之以法要懷至誠懇惻之心，且由左右通貴之人始，所謂法由近貴始，如此，天下可不罰而止者

眾矣。是以知養之之道，由饒財、約禮、裁法三者循序而進亦相輔相成也。

所謂取之，卽選取人才。安石對當時取士之法痛加指責，他說：

> 方今取士，強記博誦而略通於文辭，謂之茂才異等賢良方正，茂才異等賢良方正者，公卿之選也；記不必強，誦不必博，略通於文辭，而又嘗學詩賦則謂之進士，進士之高者，亦公卿之選也；夫此二科所得之技能，不足以為公卿，不待論而後可知。……

這是批評考選取士未必能得大才，其他九經、五經、學究、明法、明經各科，也為安石所責，不是無用於世，卽無可施用於天下國家者，加上恩澤子弟的恩蔭之法，是「治世之所無也」。

照安石的取之之道，實寓有鄉舉里選之意，由鄉黨、庠序中產生之，使眾人推賢能以告於上，上察其賢能後，隨其德之大小、才之高下，而任之以官。但「察」的過程是問其行以審其德，問其言以知其才，得其言行後再試之以事。其次，朝廷無法遍察天下之士，故先察得才行大者為大官，由大官再察其餘賢才之士，考得其能，告之於朝廷而命官。安石之取才任官，多少有漢魏舉孝廉及中正察人之遺意，但進一步的細節則未詳述；這與他後來改革科舉及學校出仕之新法無密切關係，不免是其復古之理想耳。

所謂任之，是以「人之才德，高下厚薄不同，其所任有宜有不宜」，卽因才任使之意。安石指出當時取士既不以其道，任之

又不問其才德之所宜，一則只問其出身先後，以資歷爲準，二則學非所用，如以文學進者，使之治財，又轉而使之典獄，如此「宜其人才之難爲也」。任之之道在於「德厚而才高者以爲之長，德薄而才下者以爲之佐屬」，並以其才德之專長爲依據，如「知農者以爲后稷，知工者以爲共工」之先王任官之道，其次宜避免數日輒遷而用久任之法，安石說出官不久任之弊：

> 且在位者數徙，則不得久於其官，故上不能狃習而知其事，下不肯服馴而安其教；賢者則其功不可以及於成；不肖者則其罪不可以至於著；若夫迎新將故之勞，緣絕簿書之弊，固其害之小者，不足悉數也。

若行久任之法，「賢者則其功可以及於成，不肖者則其罪可以至於著」。久任配合考績之法，才智之士可以功成事終，而偷惰苟且之人，雖或取容於一時，終能見其僇辱，豈敢不勉力從公？至無能之人則辭避以去，否則居職任久後，不勝任之罪將不可免，其不敢冒而知辭避，尚何有讒陷爭進之人乎？

安石陶治人才是有系統而作全面的考量，前所述的四個步驟或四個方向，從教育養成、選取、待治、任用皆步步相關，各方俱到，四者缺一不可，「有一非其道，則足以敗天下之人才」。

安石所論人才是禮樂刑政之事及先王法言德行治天下之意，因此他指出一類爲「能推行朝廷之法令，知其所緩急，而一切能使民以修其職事者」，一類是「能講先王之意以合當時之變者」，既有實用之行政能力，又有承古開新之義理涵養，此即爲「可以爲天下國家之用」之材。此種人才論是義理與實用結合爲理想，

或有其一，亦爲可用之材，這與安石所倡經世致用或經濟學術是
符合的，因爲致用爲目的，難免爲人誤解爲功利主義，似乎是只
重才幹而忽略德行了，如反對安石最力的司馬光，他寫《資治通
鑑》記三家分晉後，對這段歷史作了評論說：

> 夫才與德異，而世俗莫之能辨，通謂之賢，此其所以失人
> 也。夫聰察強毅之謂才，正直中和之謂德。才者，德之寶
> 也，德者，才之帥也，……才德全盡謂之聖人，才德兼亡
> 謂之愚人；德勝才謂之君子，才勝德謂之小人。凡取人之
> 術，苟不得聖人、君子而與之，與其得小人，不若得愚
> 人。何者？君子挾才以爲善，小人挾才以爲惡。挾才以爲
> 善者，善無不至矣；挾才以爲惡者，惡亦無不至矣；愚者
> 雖欲不爲善，智不能周，力不能勝，譬如乳狗搏人，人得
> 而制之。小人智足以遂其奸，勇足以決其暴，是虎而翼者
> 也，其爲害豈不多哉？夫德者人之所嚴，而才者人之所
> 愛，愛者易親，嚴者易疏，是以察者多蔽於才而遺於德。
> ……故爲國者，苟能審於才德之分而知所先後，又何失人
> 之足患哉！❸

以溫公之意，才、德皆有其正面價值，何以德勝才或才勝德則爲
君子、小人之分？其實君子、小人之分應以德爲標準，與才不才
宜不相涉。溫公之言乃對安石所發，指安石重才不重德，似乎用
小人而不用君子。溫公又說君子、小人、愚人之取捨，自有其

---

❸　見《資治通鑑》，卷1，〈周紀一‧威烈王二十三年〉，頁14、
　　15。

理，然則才、德未必對立，君子、小人也未必如此易於分判，反令人誤解爲德是善，而才是惡的。

實則安石並未發論重才不重德，或才勝德者爲人才，他反而特別重視傳統的德行，這在前面的數章中都已有所論及，應不致生此誤會。安石本身文章節義過人，其重道德絕不下於重才，他稱讚人物「士之以材稱於世，而能以義克者，少矣！」❹論官職要「稱其德、副其材，而命之以位也」❺，取士要「隨其德之大小、才之高下，而官使之」❻，其他如〈禮樂論〉、〈禮論〉、〈大人論〉、〈原教〉、〈伯夷〉、〈周公〉等等無不倡導道德、節義，豈有重才輕德之意？不過安石爲矯俗儒之蔽，倡名實之論，反對矯僞澆浮之風，他說：

> 然世之好名，舉欲兼天下之能，盡天下之務，意欲與聖人並遊於世，而爭相先後。故天下恃名而不恃實，求勝而不求義。❼

其恃實求義，以士人而言卽經世致用能以致之，他又說：

> 聖人之所以能大過人者，蓋能以身救弊於天下耳。如皆欲爲孔子之行，而忘天下之弊，則惡在其爲聖人哉！❽

空好虛名而不能投身實踐，就是恃名求勝，若一昧將才、德對立

---

❹　見《文集》，卷56，〈左班殿直楊君墓誌銘〉，頁80。
❺　見《文集》，卷38，〈諫官論〉，頁97。
❻　見同❶，頁4。
❼　見《文集》，〈拾遺‧名實論中〉，頁152。
❽　見《文集》，卷39，〈三聖人〉，頁100。

看待，難免會走入恃名求勝之地。

## 二、教育思想

安石的教育思想與其人性論及知識論有關。在人性論中提出孔子言性近習遠，以爲性之善不善在習，習於善爲上智，習於惡爲下愚，並非人性生而不可移，要以習的結果來決定其性，卽人性可以近似，差別在於後天的學習。安石的性情體用論就是要指出情爲習，「習與性成」，以七情未發於外而存於心，此性也，發於外而見於行，此情也，當未發時，在於「愼」，發或動時，在於「義」，動當於理義則爲賢，不當於理義則爲不肖。安石復提出禮樂教化之論，就是要給人發動其情時合於理義，亦卽是要習於善之意。

人可能爲善惡的關鍵，在安石看來是在於學習而定，是指環境與教育所造成，在其知識論中對此已有論述，這裡不再重複，不過，安石〈傷仲永〉一文值得再提，仲永有「受之天」的稟賦，但卻缺乏「受之人」的學習，以至於成爲「泯然眾人矣」；遺傳、環境、學習三者在人的成長、發展中受到安石的特別重視，他以天賦的仲永爲例，更說明了一般無天賦者，若沒有良好的環境或教育，則不能成材始無疑問了。

安石的人性論、知識論都指向於後天學習的必要性，而學習是指禮樂教化，明白地說到此爲政府的教育責任，透過教育培養人才，他說：

　　　伏以古之取士，皆本於學校，故道德一於上，而習俗成於

下，其人材皆足以為於世也。自先王之澤竭，教養之法
無所本，雖有美材而無學校、師友以成就之，議者之所患
也。今欲追復古制，以革其弊，則患於無漸，宜先除去聲
病對偶之文，使學者以專意經義，以俟朝廷興建學校，然
後講求三代所以教育選舉之法，施於天下，庶幾可以復古
矣。⑲

由學校取士為其復古之理想，在政府廣設學校之前，宜先改當時
科舉取士之病，去聲病對偶之文，而以經義取士。但安石謂復古
是法先王之政或先王之道，要在「當法其意而已」⑳。人才之培
養、選取皆出於學校，一則安石以為此乃先王之道，二則以為科
舉之弊，不足以由中選取人才，故由學校養成人才以備取用，是
重視教育過於科舉。

安石在〈上仁宗皇帝言事書〉中說人才之「教之」在於學
校，「古者天子諸侯，自國至於鄉黨，皆有學」，而「先王之取人
也，必於鄉黨，必於庠序」，正是欲法古意。《禮記》中說：「古
之教者，家有塾，黨有庠，術（遂）有序，國有學。」，「君子如
欲化民成俗，其必由學乎？」㉑照孟子解說的「謹庠序之教，申
以孝悌之義」，以及「學則三代共之，皆所以明人倫也」㉒，《禮
記》說「化民成俗」，其學的內容皆為禮，孟子則特重孝悌人倫，
安石說的禮樂刑政亦不悖此。 其他共同的理想則是全民普及教

⑲　見《文集》，卷4，〈乞改科條制劄子〉，頁37。
⑳　見同❶，頁1。
㉑　見孫希旦《禮記集解》，卷36，〈學記第十八〉，頁877、878。
㉒　見《孟子》，〈梁惠王上〉、〈滕文公上〉。

育，政府有教育的責任，教育的目的在現實之人群生活等。《禮記》說：「建國君民，教學爲先。」孟子說：「善政不如善教。」安石則說：「天下不可一日而無政教，故學不可一日而亡於天下。」㉓重申了政府對教育的責任所在。

　　對科舉制度的批評與改革，也是安石教育思想中的內涵；安石認爲「以詩賦、記誦求天下之士，而無學校養成之法」㉔是最簡要的說明。當安石執政變法時，科舉的改革於焉開始，改革之主要內容爲：其一，罷明經、諸科，專以進士科取士；其二，罷詩賦、帖經、墨義，專以經義、論、策取進士；其三，試律令大義。貢舉科目與考試內容是並行改革的，這種方式頗符合安石的人才及教育思想，由於科舉無法驟廢，一方面當時主張變更舊有科舉之法者雖多，但卻不主張廢科舉，二方面如安石本人所言，以學校替科舉之準備不夠，卽學校的條件未足，「以俟朝廷興建學校」後，才能「講求三代所以教育選舉之法」，故而先行更改舊有科舉，實遷就現實之因素。

　　安石改科舉之目的，其一爲造材取士，以供天下國家之用，這方面在其人才論裡已可看出。其二爲「一道德」之目的，所謂「道德一於上，而習俗成於下」，這方面在第四章中也有所論述。神宗熙寧四年（1071）二月，載「中書言：古之取士，皆本於學校……」等，卽安石所上〈乞改科條制劄子〉之內容，接著卽「今定貢舉新制」，開始試行新法㉕。安石對科舉之改革也有議論爲基礎，在熙寧二年四月，神宗下詔討論貢舉之法，除蘇軾、

㉓　見《文集》，卷27，〈慈溪縣學記〉，頁166。

㉔　見同❸。

㉕　見《長編》，卷220，頁1上、下。

劉攽不主張改革外，其餘如司馬光、呂公著、韓維、蘇頌等人，皆主張變更舊法，但改革之方式、內容卻無法一致。二年後終醞釀出安石之新制，至於其新制之內容非本文所欲論者，然其大要已如前述❷。

　　緣安石之本意初不在於僅改革科舉而已，乃在於以學校替代科舉，由學校教養、選取人才。安石的這種教育思想自謂爲法先王之道，其根據已略如前述，就宋代的思想發展來看，亦是有所淵源。通謂宋學之興，起自泰山、安定、高平諸儒；安定以經術教授吳中，受范仲淹雅愛，聘爲蘇州教授，亦可知高平之重教育。安定教學最爲所重處在於設經義、治事二齋，是經義、實用並重之教育法，其高弟劉彝曾對神宗述說安定教學之道云：

　　　臣聞聖人之道有體、有用、有文。君臣、父子、仁義禮樂，歷世不可變者，其體也；詩書史傳子集，垂法後世者，其文也；舉而措之天下，能潤澤斯民，歸於皇極者，其用也。國家累朝取士，不以體用爲本，而尚聲律浮華之詞，是以風俗偷薄。臣師當寶元、明道之間，尤病其失，遂以明體達用之學授諸生，……出其門者無慮數千餘人，故今學者，明夫聖人體用以爲政教之本，皆臣師之功，……❷

胡瑗的體用之學卽爲宋學經世之風，安石倡致用，實宋學之精

<hr>

❷　關於王安石改科舉事可參看張希清〈論王安石的貢舉改革〉（《北京大學學報》一九八六年，第四期，頁66-77）。

❷　見《宋元學案》，卷１，〈安定學案〉，頁２下、３上。

神。孫復雖不如胡瑗教育之廣，但也居泰山教學，曾至中央爲直講、說書，爲時賢如范仲淹、富弼等所重，與其弟子石介，並胡瑗稱宋學之開山，「始以師道明正學，繼而濂洛興矣」[28]。

范仲淹與韓琦、歐陽修被譽爲在朝倡學之時賢，「左提右挈，於是學校遍於四方，師儒之道以立」[29]；宋初第一次大舉興學卽當此時，《宋史》載范仲淹爲參政時，欲復古勸學，數言興學校，由宋祁等代表上奏說：

> 教不本於學校，士不察於鄉里，則不能覈名實，有司束以
> 聲病，學者專於記誦，則不足盡人材，參考眾說，擇其便
> 於今者，莫若使士皆土著，而教之於學校，然後州縣察其
> 履行，則學者修飭矣。……先策、次論、次詩賦，通考爲
> 去取，而罷帖經、墨義，士通經術願對大義者，試十道，
> ……[30]

范仲淹改科舉、興學校是相輔相成，其罷帖經、墨義，考策論等皆爲安石所取，唯詩賦仍存之於末，安石則廢之不考，似較仲淹更進一步。欲去聲病、記誦之學是仲淹等人已倡之於前，其興學校、察鄉里之復古意，也爲安石繼之於後，而由學校替代科舉取士的實現，還是在崇寧時蔡京的主政下得以完成[31]。

---

[28]　見《宋元學案》，卷2，〈泰山學案〉，黃百家案語，頁2上。

[29]　見《宋元學案》，卷3，〈高平學案〉；全祖望，〈慶曆五先生書院記〉，頁2下。

[30]　見同[10]，頁11下、12上。

[31]　見同[10]，「崇寧三年，遂詔天下取士，悉由學校升貢，其州郡發解及試禮部法並罷」，頁21下。

若由慶曆、熙寧、到崇寧三個時期來看，一方面是北宋的三次興學運動，同時也是變科舉取士的三個演進階段，其發展的方向與目標是一致的，範圍也逐漸擴大。慶曆新政隨范仲淹去職而止，爲時甚短，熙寧變法以神宗去世亦告復舊，崇寧新法至宣和中逐步寢息。在興學取士之法而言，雖然未能較快實現，但其發展在時間上是逐次加長，終至有實踐之可能，然則三次之興學取士可說皆以失敗結束。以學校代科舉，若欲達到普遍的全民教育，除去龐大的經費外，還要有相當具效率的管理方法，包括財稅收支、教育行政兩個主要部分，尤其是安石等計畫全面官學化的形式。其次，因某些緣故無法入學者，當廢科舉時，則未能透過科舉而出身，難免生遺士之憾，甚至造成怨懟積忿。再者對於書院之類的私學難以待之，私學未必差於官學，由官學取士，將置私學於何地？這些問題是安石興學、取士，論其理想之餘，值得思考者。

安石之興學、科舉改制等爲新法中的項目，在此不擬多述，其最著名的太學三舍法亦有多文論及。據〈元豐學令〉中可知，生員入學須經入學考，由外舍生開始，每月行月考，每季行季考，謂之私試，每歲又有歲考，謂之公試，考試通過始得升內舍，間歲一試，則可補爲上舍生，上舍考試則學官不參與，另擇他官主持。以上考試計有月、季、年考，入學考、升級（等）考。此外，學生分齋而居，每月考核學生行藝，所謂行，指「帥教不戾規矩」，即品德言行之意，所謂藝，指「治經程文合格」，即學業文字之類，由齋長、學諭、學錄、學正、直講、主判官以次考察記錄，這些品學成績要與上述考試成績同樣合格，始能升

舍❷。分齋卽分班，分舍卽分級（年），齋長猶如導師，學業、操行成績並重；此外，復取郡縣租息充作公費等，凡此皆反應新法中對太學之改革頗具現代之意義。在安石的教育思想裡，以學校代科舉，太學三舍法就是落實的作法，太學畢業後卽爲政府官員所取之才，當學生時歷經三年多次考試，又考核人品德性，並師生共處，優游其間，自較科舉唯考試取士爲理想，可知安石的人才論是與其教育思想密切相關。

其次爲安石的專科教育觀念：

(一)武學：

初設於慶曆三年時，但三、四個月卽廢。安石變法時重新設置，選派兵部、內藏庫官員爲正副判學，學生以百人爲額度，以文武官員知兵者爲教授，武學內教習兵法，並編纂歷代用兵成敗、前世忠義之節等爲教學之講義，同時還備有軍隊爲實習陣隊之課程。在學時間爲三年，以業藝考試定等第，合格畢業卽可任官，其未合格者，隔年再試。到宋末崇寧時武學考選亦用三舍法而行。武學實爲培養專門軍事人才之學校，頗似現代的軍官學校❸。

(二)律學：

宋初時卽設有此法律專業教學，似是以博士教授的專科班。到熙寧新法時正式在國子監設立，置有教授四員、學正一員。凡朝廷命官、舉人皆可入學，但舉人須命官二員作保，先入學聽讀，類旁聽生或預科生，合格後始得爲正式生。所學者爲歷代案例條格，新頒法令。其學制大體用太學規矩。

(三)醫學：

---

❷　參見《宋會要輯稿》，〈職官〉，二八之九。

❸　參見《宋史》，卷157，〈選舉志三〉，頁24上、下。

宋初屬太常寺，神宗時始置提舉判官及教授一人負責，成爲醫學專科學校，有學生三百人，分爲方脈、鍼、瘍三科，習讀醫學經典等。崇寧時醫學亦行三舍法，畢業合格依等第高下分別任醫藥官職或教學官。

其他在崇寧新法時，又分別設立算學、書學、畫學等專科學校，安石的專業教育觀念到此愈盛，正如前面所述，北宋的興學運動愈後愈盛，而其間脈絡分明，尤以熙寧、崇寧二個時期，可謂前後相承，發展相續。

安石在上仁宗書中說過：「夫人之才，成於專而毀於雜。」才德有高下厚薄之不同，亦有才性之不同，因「人材各有用」，宜避免「所用非所養，所養非所用」之弊❸❹，欲「稱其德、副其材，而命之以位也」❸❺，自需培養不同之材。注重專業人才，唯有從專業教育以教之、取之，這不僅是最直接、實際的方法，也符合專業技術官僚的觀念。

安石的人才論與教育思想是相爲表裡的，雖然未能發現安石更多的教育理論，但從其改科舉、興學校的意見及新法的實施，可以看出他的教育思想是由人才論所發展出來，也就是培養可以爲天下國家之用的經世人才。按安石的設計，學校的功能首先是均衡科舉制度，而科舉不能考核言行德性，學校毋寧是更合理的取才方式。但如前述，學校教育卻存在著幾個值得考慮的問題，而北宋的教育制度與社會結構間尚有衝突之存在❸❻，難以達到安石的理想。

---

❸❹ 見《長編》，卷250，神宗熙寧七年二月，頁9上、10上。

❸❺ 見同❶❺。

❸❻ 關於北宋教育制度與社會結構存在之衝突，可參見李弘祺＜宋代教育與科舉的幾個問題＞，收在《宋代教育散論》，頁35-72。

# 第八章 「荊公新學」的歷史評價

　　對於王安石，自宋以後所有寫史之人都不能不給予一筆，他在政治史、文學史、哲學史及經學研究上都佔有一席之地。近古以來，由於個人的立場、觀點之同異，對安石及他的「荊公新學」有褒貶不一的評價，這使我們對安石的認識及評價帶來諸多的困擾，換言之，安石在近古以來就始終是個爭議性的人物，尤其在政治方面，竟有至天壤之別的評價。不過，這些方面並非本書所要處理的問題，既不能完全聽憑於古人，人云亦云，也不能以今日之觀點出發，太苛責古人，猶需將安石放置在他的時代中去觀察。

　　安石在政治上的變法新政，政局、黨爭等等，應在另外的專論中加以處理，這裡著重的是學術、思想的問題，透過「荊公新學」的題目下，來檢視近古以來對他的評價。由於資料的繁雜，未必能也不必要盡舉這些資料，而從其中稍加整理，列舉大要，庶幾可以知道安石在學術、思想上的地位與評價了。

　　又蔡上翔《王荊公年譜考略》，其卷首、尾收錄不少資料，評論不一，蔡氏多加考略按語，為之疏駁，對於安石的歷史評價，已大體可窺見，雖然其中不乏政治層面之評價，但對本章而言，仍多有參考之處。

## 一、王安石在歷史上的爭議性

中國歷史人物中在身後遭到美惡倒置、是非顛倒之評價的，王安石是一個典型代表。王安石變法對於當時統治階層中的保守勢力來說，甚至比平民起義和外族入侵還令他們不安，因而當反變法派重新上臺後，在修史時對於安石大多採取貶抑痛斥的態度，又因為當時反對安石之人多為知名人士，無論在朝在野都是頗具權勢之人，像司馬光還親自編了《資治通鑑》，這些人將安石視為洪水猛獸，對他當然不會有很高的評價。過去留傳下來的不少史籍對安石的記述也有許多不實之處，這給後人的評價帶來不少困擾。像《宋史‧王安石傳》以後到朱熹對他的評論，並概括說「此天下之公言」，而朱熹對安石的評價前後並不一致，未能代表天下公言，就連同時代與安石政見不同、觀點不一的人的評價也無法代表❶。實際上，從史料來看，對於安石而言，當時人無論與他政見是否相和，但對他鄙視聲色財利的態度及其學問人品都是一致加以贊揚的。安石自從入仕到執政的三十年間，其名聲與日俱增，連反對派也不得不承認這一點。黃庭堅曾說：「余嘗熟觀其風度，真視富貴如浮雲，不溺於財利酒色，一世之偉人也。」❷ 連極力反對安石的司馬光也曾寫到：

---

❶ 朱子對安石評論不一，見楊希閔＜年譜推論＞，收在蔡上翔《王荊公年譜考略》，頁 387。其餘諸人之評論亦附存於《考略》之後。

❷ 參見黃庭堅《豫章黃先生文集》，卷30，＜跋王荊公禪簡＞，頁9下。

竊見介甫獨免天下大名三十餘年，才高而學富，難進而易
退，識與不識，咸謂介甫不起則已，起則太平可立致，生
民咸被其澤也。❸

蘇軾也對王安石的變法持不同意見，但在安石死後所撰〈制詞〉
中說他「網羅六藝之遺文，斷以己意；糠粃百家之陳迹，作新斯
人」❹，對安石之學術思想仍加以肯定。

　　對於安石的「新學」，二程子由改革的支持者變成反對者，
雖然他們與安石論經義頗合，但後來在哲學觀點上也相去日遠，
學術相異，而加以批駁反對「新學」❺：

1. 荊公嘗與明道論事不合，因謂明道曰：「公之學如上壁。」
   言難行也。明道曰：「參政之學如捉風。」

2. 先生嘗語王介甫曰：「公之談道，正如說十二級塔上相輪，
   對望而談曰：相輪者如此如此，極是分明。如某則戇直，
   不能如此，直入塔中，上尋相輪，……至相輪中坐時，依
   舊見公對塔談說此相輪如此如此。」

3. 昔見上稱介甫之學，對曰：「王安石之學不是。」……「其
   身猶不能自治，何足以及此」。

4. 楊時於新學極精，今日一有所問，能盡知其短而持之。介
   甫之學，大抵支離。伯淳嘗與楊時讀了數篇，其後盡能推
   類以通。

------

❸　見《司馬溫公文集》，卷10，〈與王介甫書〉，頁2下。
❹　見蘇軾《蘇東坡全集・外制集上卷》，〈王安石贈太傅〉，頁597。
❺　見《二程集》，〈遺書〉，卷19，頁255；卷1，頁5；卷2上，頁
　　17、28、38。

5. 然在今日，釋氏卻未消理會，大患者卻是介甫之學。……

　　如今日，卻要先整頓介甫之學，壞了後生學者。

二程說安石之學如捉風、對塔說相輪、支離等，是說安石未能進入「理學」的核心問題去尋「道」，而盡在理論上談論儒學，所以說他自身「猶不能自治」，這種學術在二程看來是會「壞了後生學者」的「大患」，似乎是安石之罪浮於佛老了。至於二程在安石「新學」的具體內容上也曾有特定的批評，如：

> 介甫解「直方大」云：「因物之性而生之，直也；成物之形而不可易，方也。」人見似好，只是不識理。如此，是物先有箇性，「坤」因而生之，是甚義理？全不識也。❻

這是二程與安石解《易》之不同。在學術上而言，「新學」學派如陸佃、龔原等人，自是傳安石之學，與二程之學不合。至南宋以後，「新學」式微，二程門人至朱子遂成為宋學之主流，因此所存資料多為擁程朱而反「新學」。宋明理學的核心人物朱熹對於安石的態度由兩句話中便可一目了然，他說安石：「不復知格物致知、克己復禮為事。」從哲學上、政治上對安石大多否定，在他看來，安石「新學」所主張的「道氣一元論」的哲學觀，和肯定人的感官作用和世界可知性的認識論是不懂格物致知、不符合理學之道的。至於安石政治上主張變法維新則更不符合儒家傳統的「克己復禮為仁」的思想，所以他說：

---

❻　見同❺，卷19，頁251。

勉求其所未至，以增益其所不能。是以其於天下之事，每
以躁卒任意而失之於前，又狠愎徇私而敗之於後。此其所
以為受病之深，而閑樂未之言也。❼

朱熹這種蓋棺論定的否定態度，與他在《三朝名臣言行錄》中，
收集抨擊安石的文字的態度如出一轍，這對後世理學家及文人學
者影響很大，尤其是理學興盛的明清，遂造成了一種官方的評價
及態度。但是在宋明理學家中也有敢於力排眾議之人，陸九淵便
是其中之一。他的〈荊國王文公祠堂記〉對安石顯然十分尊重和
肯定的，但是他也所不掩飾地指出了「公之蔽」，在他看來，安
石之本質是：

英特邁往，不屑於流俗、聲色利達之習，介然無毫毛得以
入於其心，潔白之操，寒於冰霜。❽

而安石之志乃「掃俗學之凡陋，振蔽法之因循，道術必為孔孟，
勳績必為伊周」。而他認為安石之失則在於對於小人、投機者的
狡詐之心沒有覺悟。他最後說：「公以蓋世之英，絕俗之操，山
川炳靈，殆不世有。」可以看出陸九淵儘管在學術上與安石有不
同看法，但他對安石的人品乃至他敢於出面改革當朝弊端的勇氣
和行為是十分崇敬的。

元、明、清三代對王安石的態度以否定為主，但也有不少學
者表現出對安石的尊崇之心，如元人吳澄說：

❼　見《朱文公集》，卷70，〈讀兩陳諫議遺墨〉，頁1283。

❽　見《陸九淵集》，卷19，頁232。

> 公負蓋世之名，遇命世之主，君臣密契，殆若管、葛。主
> 以至公至正之心，欲堯舜其民；臣以至公至正之心，欲堯
> 舜其君。

但他也承認安石有其缺失：

> 而公之學雖博，所未明者，孔孟之學也。公之才雖優，所
> 未能者，伊周之才也。不以其所未明未能自少，徒以其所
> 已明已能自多，毅然自然而不回，此其蔽也。❾

明人陳汝錡《甘露園長書》中論王安石，認爲後世對於他的指摘
誹謗是古今一大寃案，並對給安石諸多批評的蘇軾、范純仁、朱
熹等人的意見進行反駁❿。

明代史家鄭曉說安石的修身潔行，勝過韓琦、范仲淹、富
弼、歐陽修等人，其志在於天下後世，故所受的訕謗，實爲寃枉
不平，但因安石自信無愧，不以人言爲意，至於一意孤行而誤天
下⓫。這是盛譽安石，但也指出他的短處，不過是否因之「誤天
下」，恐怕是有待商榷的。

對安石「誤天下」之論發揮最爲徹底的厥爲明代的楊愼，其
人學識頗爲淵博，但對安石深痛惡絕，認爲迫害元祐舊黨事件，
實在啓於安石，而導致北宋滅亡也罪在安石，「引用姦邪，傾覆
宗室，元惡大憝也」，他比安石爲商鞅，又認同安石是合王莽、

---

❾　見吳澄《吳文正集》，卷20，〈臨川王文公集序〉，頁15上、下。
❿　參見《考略》，〈雜錄〉，卷1，頁345-348。
⓫　參見《考略》，卷首一，頁15。

曹操、司馬懿、桓溫等爲一人的大奸巨惡⑫。這種議論是從變法
的政治層面的批評，而且根本視安石爲奸邪之人，並不從變法新
政的具體歷史來評論，所以可說是誅心之論，非常主觀的看法。
大概也可以代表所有反對安石在政治活動上的最壞評價，但前面
說過，在政治層面的討論，並非本書的主旨，這裡就不再贅言申
辨。不過，肯定安石一生的政治活動，以及贊譽他忠心體國，學
識精博，比於伊周之才的看法，也大有人在，如爲安石文集寫序
跋之類的明人陳九川、王宗沐、李光祚等人；清人陸心源更指安
石之學術爲合經濟、經術、文章爲一之人⑬，他們都無不指出安
石爲正人君子，且爲經世之大才，學術精深等，這與那些反對安
石者的評價真是大相逕庭，因之，使得安石成爲爭議的歷史人物
了。

　　近代以來，從蔡上翔爲洗刷安石所受毀詬，作《王荊公年譜
考略》一書，博徵旁引，詳加考訂，全爲安石辯護，遂使安石之
歷史地位有新的觀點。至梁啓超寫《王荊公》之後，影響所及，
漸爲世人接受，安石在歷史上的評價多獲肯定，一反近代以前的
現象，此中固不論任公爲其變法而爲安石正名也。但若爲時局需
要或政治目的而強派安石爲法家或儒家，此種爭端則甚無謂也!

## 二、「新學」的評價

　　安石的「荊公新學」內容廣博，既包括對於宇宙本體，天人

---

⑫　參見《考略》，〈雜錄〉，卷2，頁354-360。
⑬　參見《考略》，〈節要附存〉，卷1，頁376-379。又見《文集》前，
　　序言。

之道，知識、人性、歷史發展等重大哲學問題的探討，也包括了治學方法，教育、人才等方面的看法，再擴而及於政治、經濟等策略方面。從「新學」的產生，到受全面的批判，在近古社會的思想界前後有約七十年的影響❹；至少有二、三代的知識分子在此時期之中，雖然不比宋代理學的長遠影響，但的確也充實了宋學的內容；在《宋元學案》中，也不得不加「新學」於其列，雖然是有排斥之意，仍要承認其學。

　　在學術上，「新學」的具體代表厥為《三經新義》，不只是流行於士大夫之間，及講論於太學生中，至於天下士子也多研讀，故安石的學術與思想在「新學」廣布之時，真有獨領風騷之勢。及其後，雖然「新學」漸衰，但在學術立場上，新義還是一家之言，仍受到相當的重視。近人程元敏先生著《三經新義輯考彙評》，廣為蒐羅，所用功力甚多，今據以整齊排比，列出大要，可以看出近世以來對新義的評價❺：

　　對安石新義的批評大約有下面幾點：

　　1. 言其穿鑿附會，或以文害義。如宋人陳淵說安石「穿鑿之害小，道術之害大」，因道術不正，遂生穿鑿，並以安石之學為申商刑名之學。其他如汪應辰、黃庭堅、楊時、朱熹，金儒王若虛，清儒全祖望、程晉芳、紀昀等，都對安石的詩、書、禮新義有同樣的看法。

---

❹　見魏了翁《鶴山大全集》，卷6，＜江東漕使兄約遊鍾山分韻得泠字＞，言安石之學，「相承至章（惇）、蔡（京），九州半羶腥。歷年有七十，眾寐未全醒。三經猶在校，從祀猶在庭」。

❺　參見程元敏《三經新義輯考彙評㈠尚書》，頁231-234。《三經新義輯考彙評㈡詩經》，頁313-314。《三經新義輯考彙評㈢周禮（下）》，頁619-640。

2. 言其陋學、壞風俗。如朱熹說安石有「邪心夾雜他，卻將《周禮》來賣弄」，尚未富強，人才風俗已壞，又說安石新經出，廢明經、學究科，人更不讀書。葉時則說：「奈何新經行而僻學興，新法立而私意勝；末流之弊，罪有浮於漢儒者。」其他如章如愚、魏了翁、衛湜，明儒王應電等人亦持同樣看法。

3. 言其無誠意、講求法度之用。如楊時大力抨擊安石無誠意、修身的工夫，只知講求法度，引程顥說：「有〈關雎〉、〈麟趾〉之意，然後可以行〈周官〉之法度。」這與朱子說安石有邪心夾雜相同。其他如晁公武、元儒何異孫、明儒張瑄、清儒錢大昕等人，都作同樣的看法。

4. 言其誤用、壞國勢。如眞德秀說：「《周禮》一書，後世假而用之者，王莽也；輕而用之者，蘇綽也；誤而用之者，王安石也。」持同樣看法的有陳傅良、葉適、鄭伯謙、孫之宏、羅大經、王應麟，元儒馬端臨，明儒柯尚遷、張采等人。

由上面大體的整理可以看出各點之間有其相關之處，說安石穿鑿、附會者，有從學術上作批評的，也有說他爲新法之用而穿附經文，強加解釋，所以也可以說他無誠意，僅講求法度，落至申商刑名之名，如此，見其學陋而壞風俗，而安石新政推新學，這是誤用學術，以至於國勢紛擾。抨擊安石的觀點，仍可看出與政治大有關係，若安石未曾當政，也未曾變法改革，恐怕很多對「新學」的批評就不如此，易言之，許多人反對新法，故反對「新學」，既視安石爲小人、奸邪，則「新學」當爲異端了，豈有不鳴鼓而攻之之理？

在抨擊安石「新學」的各種說法裡，也同時有肯定之處，如對安石批評頗多的朱熹，他認為《書》的注解「介甫解亦不可不看」，就是肯定安石的《書》學，同樣地，金儒王若虛雖說安石委曲穿鑿，出於私意，但也不得不承認安石的《書》解，有「其所自見而勝先儒」的地方。批評安石「穿鑿之害小，道術之害大」的陳淵，他也同時認為安石的《書義》是從來最好的，因為由漢以來，專門之學，各有所長，但唯荊公取其所長，發於文字之間，故「荊公為最」，這是相當肯定的態度，換言之，若以學術的角度來看，安石對《書》的注解新義，應為第一。

在《詩》義方面，朱熹認為宋代解注各家都有所發明，也都值得研讀，其中卽將安石與歐陽修、蘇轍、程頤、張載、楊時等人並列，無所偏廢，可見朱子在論純學術時，仍然要肯定安石的「新學」。同樣地看法還有林希逸，以為安石等人擺脫毛、鄭舊說，爭出新意。明儒鍾惺、韋調鼎都認為唐代疏義，使《詩》之章句明，但旨義未達，到宋儒如張載、程頤、安石等等諸人，「抒意達旨，風雅之微妙始暢」。這裡也說明了宋學的特色，以求新義為突出，安石也如同張、程諸儒，學術上能成一家之言。

關於《周禮新義》方面，因為這不但是安石親手完成的著作，也是他新政的「法先王」的根據，所以遭到的批評最多，前面列出的反面意見，大都是針對《周禮新義》而來的。由於政治色彩太濃厚，通常也多不在學術上去作批判，而籠統地視之為附會之學，至全盤加以否定了。前面曾引陸象山的話語，對安石有相當客觀的評價，至於《周禮》，象山認為安石是完全懂得其中的「憲章法度典則」之理，這明顯是對「新義」的肯定，而且又能經世致用。

　　元儒陳友仁整理《周禮集說》，他的重要參考書就有安石的
著作，這是對「新學」的肯定。前面論述安石的經學時，曾引全
祖望之說，他扼要地提出安石解經最有舊注家法，「言簡意賅」，
雖於字說有穿鑿，但自宋以後，研讀《周禮》，安石之學仍是重
要的一家。持同樣看法的，如程晉芳、紀昀，以至近代梁啓超、
錢基博等人。

　　就《三經新義》來看，安石的「新學」是被當時及後人所肯
定的。這是拋開政治層面，就學術而言如此。宋學的主流是理
學，發展到明、清及現代，也成爲哲學、思想上的重要學術，而
理學的內容簡單地說是心性義理之學，也就是安石說的道德性命
之學，他說：

> 先王之道德，出於性命之理，而性命之理，出於人心，
> 《詩》、《書》能循而達之，非能奪其所有而予之以其所
> 無也。❶❻

安石所講論的這種「新學」，在當時影響極大，二程說：「故今日
靡然而同，無有異者。」❶❼ 就是指安石之學的風靡天下。金儒趙
秉文說得最好：「自王氏之學興，士大夫非道德性命不談。」❶❽
幾乎將宋代的心性義理之學全歸之於安石之創發，二程以後的理
學，由這裡可以溯源。事實上，當時還有周敦頤、張載等人之
學，也談論這類問題，如果我們正視宋初的學術、思想界，已經

---

❶❻　見《文集》，卷26，＜虔州學記＞，頁156。
❶❼　見《二程集》，卷2下，頁50。
❶❽　見《滏水集》，卷1，＜大學·性道教說＞，頁5上。

可以知道，新的風氣正逐漸開展，周、張與安石相似，都可說是
廣義的「新」學，不過安石是初期宋學的尾聲，大概也是集成之
人，加上「新學」之所以爲「新」，正可以「靡然而同」於天下了。

# 年　　表（簡編）

**宋眞宗天禧五年（1021），安石一歲**

 1.十一月十二日，安石生於臨江軍（江西淸江）。父益爲臨
  江軍判官。
 2.貶王欽若。宰相丁謂加司空。
 3.高麗求和於契丹。

**宋眞宗乾興元年（1022），安石二歲**

 1.眞宗崩，仁宗卽位，劉皇后聽政。
 2.貶寇準於雷州，丁謂於崖州。

**宋仁宗天聖元年（1023），安石三歲**

 王欽若再相，寇準卒於雷州。

**宋仁宗天聖三年（1025），安石五歲**

 王欽若卒，以張知白爲相，晏殊爲樞密副使。

**宋仁宗天聖六年（1028），安石八歲**

 1.安石弟安國生。

2.張知白卒，以張士遜爲相。

3.西夏主趙德明遣子元昊襲取回鶻甘州。

## 宋仁宗天聖八年(1030)，安石十歲

1.安石父益以殿中丞知韶州。

2.歐陽修試禮部第一。

## 宋仁宗天聖九年(1031)，安石十一歲

遼聖宗卒，其子興宗卽位。

## 宋仁宗明道元年(1032)，安石十二歲

1.晏殊爲參知政事。

2.西夏主趙德明卒，子元昊繼立。

## 宋仁宗明道二年(1033)，安石十三歲

1.安石祖父用之卒，父益丁憂解官回臨川。

2.劉太后殂，仁宗親政，呂夷簡復相，廢郭皇后事件發生。

## 宋仁宗景祐元年(1034)，安石十四歲

1.安石十四歲，弟安禮生。

2.西夏主元昊反，入寇環慶。

## 宋仁宗景祐三年(1036)，安石十六歲

1.安石隨父益至汴京。

2.貶知開封府范仲淹，黨爭日起。

3.西夏攻取回鶻瓜州、沙州之地。

## 宋仁宗景祐四年(1037)，安石十七歲

1.安石隨父益至江寧府判任上。

2.京師及定襄幷代忻諸州地震，民死者二萬餘。

## 宋仁宗寶元元年(1038)，安石十八歲

1.安石父益卒於官，葬於江寧，安石時年十八。

2.趙元昊稱夏皇帝。詔以夏竦、范雍經略西夏。

## 宋仁宗寶元二年(1039)，安石十九歲

1.西夏入寇保安軍，爲狄靑所敗。

2.蘇轍生。

## 宋仁宗康定元年(1040)，安石二十歲

1.安石寄居金陵。

2.西夏寇延州。貶范雍，以夏竦爲陝西經略安撫使，韓琦、
范仲淹副之。

## 宋仁宗慶曆元年(1041)，安石二十一歲

1.安石赴京就試禮部。

2.西夏入寇，宋將任福戰歿於好水川。詔分陝西爲四路，以
韓琦、范仲淹、王沿、龐籍兼經略使。

## 宋仁宗慶曆二年(1042)，安石二十二歲

1.安石登進士第，旋簽書淮南判官。

2.西夏入寇。契丹求關南地，富弼奉使，增幣以和。

### 宋仁宗慶曆三年(1043)，安石二十三歲

1.安石仍官淮南。在揚州有〈憶昨詩示諸外弟〉。

2.西夏求和。詔以范仲淹爲參政，富弼爲樞密副使，仲淹上
十事疏，推行新政。

### 宋仁宗慶曆四年(1044)，安石二十四歲

1.安石自揚州還臨川，子雱生。

2.范仲淹變法行新政。

3.西夏敗契丹並議和，夏主李元昊遣使於宋，詔封其爲夏國
王。

### 宋仁宗慶曆五年(1045)，安石二十五歲

1.安石秩滿解淮南判官。

2.歐陽修知滁州。黃庭堅生。

3.罷新法，范仲淹、富弼、韓琦皆罷，以陳執中爲相。

### 宋仁宗慶曆七年(1047)，安石二十七歲

安石知鄞縣。有〈上馬運判書〉、〈鄞縣經遊記〉。

### 宋仁宗慶曆八年(1048)，安石二十八歲

1.安石仍知鄞縣。有〈先大夫述〉、〈上杜學士言開河書〉、
〈上運使孫司諫書〉。

2.文彥博爲相。蘇舜欽卒。

3.夏主元昊卒，子諒祚繼位，詔封爲夏國王。

## 宋仁宗皇祐元年(1049)，安石二十九歲

1.安石仍知鄞縣。刻〈善救方〉於縣門外，有〈省兵〉詩。

2.以宋庠爲相。陳執中罷。

3.廣源州儂智高反。契丹伐夏失利。

## 宋仁宗皇祐二年(1050)，安石三十歲

安石解官歸臨川，旋赴錢塘。有〈登越州城樓〉詩。

## 宋仁宗皇祐三年(1051)，安石三十一歲

1.安石通判舒州。有〈乞免就試狀〉，〈到舒州次韻答平甫〉等詩。

2.劉沆、龐籍爲相，宋庠、文彥博罷相。夏竦卒。

3.契丹伐西夏。

## 宋仁宗皇祐四年(1052)，安石三十二歲

1.安石仍官舒州。有〈老杜詩後序〉，〈亡兄王常甫墓誌銘〉等文。

2.范仲淹卒。儂智高進圍廣州，詔樞密副使狄青討之。

## 宋仁宗皇祐五年(1053)，安石三十三歲

1.安石仍官舒州。有〈發廩〉、〈感事〉、〈兼併〉等詩。

2.龐籍罷，陳執中、梁適爲相。晁補之、陳師道、楊時生。

3.狄青平儂智高。契丹與西夏議和。

### 宋仁宗至和元年(1054)，安石三十四歲

1.安石爲群牧司判官。有〈遊褒禪山記〉、〈辭集賢校理狀〉等文。

2.梁適罷，劉沆爲相。

### 宋仁宗至和二年(1055)，安石三十五歲

1.安石仍爲群牧司判官。

2.陳執中罷，文彥博、富弼爲相。

3.契丹興宗卒，子耶律洪基卽位爲道宗。

### 宋仁宗嘉祐元年(1056)，安石三十六歲

1.安石爲提點開封府界諸縣鎭公事。有〈上執書〉、〈上歐陽永叔書〉等文。

2.韓琦爲樞密使。蘇軾擧進士第。包拯知開封府。

### 宋仁宗嘉祐二年(1057)，安石三十七歲

1.安石知常州。有〈與劉原父書〉、〈答王深父書〉等。

2.狄青卒。詔諸州置廣惠倉。

### 宋仁宗嘉祐三年(1058)，安石三十八歲

1.安石爲提點江東刑獄，明年罷榷茶法。有〈議茶法〉文。

2.文彥博罷，韓琦爲相，包拯爲御史中丞。

### 宋仁宗嘉祐五年(1060)，安石四十歲

1. 安石為三司度支判官。有〈上仁宗皇帝言事書〉、〈唐百
   家詩選序〉等。
2. 歐陽修上《新唐書》。

### 宋仁宗嘉祐六年(1061)，安石四十一歲

1. 安石為知制誥。有〈上時政疏〉。
2. 以包拯為樞密副使，以司馬光知諫院，曾公亮為相，歐陽
   修為參知政事。

### 宋仁宗嘉祐八年(1063)，安石四十三歲

1. 安石丁母憂解官回江寧。
2. 仁宗崩，英宗繼位，以富弼為樞密使。
3. 遼皇叔重元之亂，重元兵敗自殺。

### 宋英宗治平二年(1065)，安石四十五歲

1. 安石居喪江寧，服除，召赴闕，不就。
2. 文彥博為樞密使，朝廷濮議起。

### 宋英宗治平四年(1067)，安石四十七歲

1. 安石出知江寧府，復召為翰林學士。子雱登進士。
2. 英宗於正月崩，神宗即位。歐陽修罷。
3. 夏主諒詐卒，子秉常繼立。

### 宋神宗熙寧元年(1068)，安石四十八歲

1. 安石奉詔越次入對。弟安國賜進士及第。〈有本朝百年無事劄子〉。
2. 王韶上平戎三策。

### 宋神宗熙寧二年(1069)，安石四十九歲

1. 安石爲參知政事，旋與陳升之同領制置三司條例司，議行新法。遣使察農田水利賦役於天下。行均輸法、青苗法，頒農田水利約束置諸路提舉官。
2. 罷富弼，以陳升之爲相。范純仁劾安石被罷知諫院。

### 宋神宗熙寧三年(1070)，安石五十歲

1. 安石爲參知政事，年底與韓絳並爲中書平章。立保甲法、募役法，改諸路更戍法。罷條例司歸中書。策試進士，立刑法科。
2. 罷曾公亮、司馬光、呂公著、趙忭、程顥、蘇軾等。以呂惠卿兼判司農司，曾布爲崇政殿說書。

### 宋神宗熙寧四年(1071)，安石五十一歲

1. 安石爲同中書門下平章事。更訂科舉以經義策論試士，立太學三舍法，命諸州置學官。
2. 歐陽修致仕，貶富弼、蘇軾。王韶主洮河安撫司。

### 宋神宗熙寧五年(1072)，安石五十二歲

1. 安石仍爲平章。行市易法、保馬法，頒方田均稅法，安石曾求去，不許。
2. 以章惇爲湖北訪察使。王韶破吐蕃。歐陽修卒。

## 宋神宗熙寧六年(1073)，安石五十三歲

1. 安石仍爲平章、兼提舉經義局。置律學、軍器監，初試武舉。復熙河等州，神宗解玉帶賜安石。
2. 章惇平江南蠻。周敦頤卒。

## 宋神宗熙寧七年(1074)，安石五十四歲

1. 安石仍爲平章、兼提舉經義局，旋乞解職，終出知江寧府仍兼提舉經義局。新法罷旋復行。罷制科。安石弟安國卒。
2. 以韓絳爲平章，呂惠卿爲參政。
3. 遼遣使來議疆界，宋遣劉忱報之。

## 宋神宗熙寧八年(1075)，安石五十五歲

1. 二月安石復相，上《三經新義》，頒於學官。安石進尚書左僕射兼門下侍郎，兼修國史。有《三經新義》各序文。
2. 罷韓絳、呂惠卿。韓琦卒。
3. 與遼協議割河東地。交阯大舉入寇。

## 宋神宗熙寧九年(1076)，安石五十六歲

1. 安石求去，詔以使臣罷，判江寧府。安石子雱卒。
2. 以吳充、王珪同平章事。詔沈括重修全國地圖。
3. 遼遣使來求另立界。郭逵敗交阯，收復諸州。

### 宋神宗熙寧十年(1077)，安石五十七歲

1.安石還江寧，辭判府事，為集禧觀使。
2.黃河決口改道。邵雍卒。張載卒。

### 宋神宗元豐元年(1078)，安石五十八歲

1.安石進尚書左僕射，封舒國公，集禧觀使如故，居鍾山。
2.以呂公著為相。

### 宋神宗元豐二年(1079)，安石五十九歲

1.安石居鍾山。
2.蔡確為參政，蘇軾貶黃州。

### 宋神宗元豐三年(1080)，安石六十歲

1.安石居鍾山，改特進，封荊國公。為其兄寫〈王平甫墓誌銘〉。
2.章惇為參政，詳定官制。

### 宋神宗元豐四年(1081)，安石六十一歲

1.安石居鍾山。弟安禮為尚書右丞。有〈元豐行〉等詩。
2.詔曾鞏為史館修撰。李憲討西夏，兵敗於靈州。

### 宋神宗元豐五年(1082)，安石六十二歲

1.安石居鍾山，進《字說》。
2.以王珪、蔡確、章惇為相。

3.西夏陷永樂城，徐禧敗死，死者稱二十萬之衆。

## 宋神宗元豐六年(1083)，安石六十三歲

1.安石居鍾山。弟安禮爲尚書左丞。有〈答曾子固書〉。

2.王珪、蔡確爲相，曾鞏爲中書舍人。富弼卒。

## 宋神宗元豐七年(1084)，安石六十四歲

1.安石居鍾山，病，乞以居所爲僧寺。弟安禮罷。

2.司馬光上《資治通鑑》。

3.西夏兵圍蘭州，未下。

## 宋神宗元豐八年(1085)，安石六十五歲

1.安石居鍾山，哲宗詔授安石爲司空。

2.神宗崩，哲宗繼立，太皇太后高氏聽政，起用司馬光、呂
公著，罷保甲、保馬、方田、市易等法。程顥卒。

## 宋哲宗元祐元年(1086)，安石六十六歲

1.安石居鍾山，四月卒，哲宗輟朝，贈安石太傅。

2.司馬光爲相，罷青苗、免役諸法。免蔡確、章惇，貶呂惠
卿。任呂公著、文彥博爲相，蘇軾爲翰林學士。九月，司
馬光卒。

# 徵 引 書 目

## 一、史　料

王先謙　《漢書補注》，臺北，藝文，二十五史本

王　充　《論衡》，臺北，中華，四部備要本

王安石　《王安石全集》，臺北，河洛，民國六十三年

王安石　《老子注》，嚴靈峰輯，無求備齋老子集成初編

王昭宇　《周禮詳解》，臺北，商務，四庫珍本初編

王應麟　《困學紀聞》，臺北，商務，四庫全書

孔穎達　《尚書正義》，臺北，東昇，十三經注疏本

孔穎達　《周易正義》，臺北，東昇，十三經注疏本

司馬光　《溫國文正司馬公文集》，臺北，中華，四部備要

司馬光　《資治通鑑》，臺北，世界，民國六十一年

司馬遷　《史記》，臺北，藝文，二十五史本

江少虞　《宋朝事實類苑》，臺北，源流，民國七十一年

全祖望　《宋元學案》，臺北，廣文，民國六十八年

朱　熹　《四書集註》，臺北，藝文，民國四十五年

朱　熹　《朱文公文集》，臺北，商務，四部叢刊初編

朱　熹　《周易本義》，臺北，長安，易學論著選集，民國七十
　　　　四年

杜大珪　《名臣碑傳琬琰集》，臺北，商務，四庫珍本十一集

佚　名　《荀子新注》，臺北，里仁，民國七十二年

佚　名　《國語》，臺北，河洛，民國六十九年

李　攸　《宋朝事實》，京都，中文，一九六九年

李　覯　《直講李先生文集》，臺北，商務，四部叢刊初編

李　燾　《續資治通鑑長編》，上海，古籍，一九八五年

李　燾　《續資治通鑑長編》，臺北，世界，新定本

李　翺　《李文公集》，臺北，商務，四部叢刊初編

李　壁　《箋註王荆文公詩》，臺北，廣文，民國七十九年

吳　澄　《吳文正集》，臺北，商務，四庫全書

邱漢生　《詩義鉤沈》，北京，中華，一九八二年

周敦頤　《周濂溪集》，臺北，商務，叢書集成簡編

紀　昀　《四庫全書總目提要》，臺北，藝文

胡炳文　《孟子通》，臺北，漢京，通志堂經解本

徐　松　《宋會要輯稿》，北京，中華

徐　彥　《春秋公羊傳注疏》，臺北，東昇，十三經注疏本

眞德秀　《孟子集編》，臺北，漢京，通志堂經解本

孫　奭　《孟子注疏》，臺北，東昇，十三經注疏本

孫希旦　《禮記集解》，臺北，文史哲，民國六十九年

桓　譚　《新論》，臺北，宏業，全後漢文

馬端臨　《文獻通考》，杭州，浙江古籍，一九八八年

馬其昶　《韓昌黎文集校注》，臺北，世界，民國六十一年

梁啓雄　《荀子柬釋》，臺北，河洛，民國六十三年

陸九淵　《陸九淵集》，臺北，里仁，民國七十年

脫　脫　《宋史》，臺北，藝文，二十五史本

章學誠　《文史通義》，臺北，世界，民國五十七年

黃宗羲　《孟子師說》，臺北，商務，四庫珍本五集

黃　震　《黃氏日鈔》，臺北，商務，四庫珍本二集

黃庭堅　《豫章黃先生文集》，臺北，商務，四部叢刊

張　栻　《孟子說》，臺北，漢京，通志堂經解本

張　載　《張子全書》，商務，國學基本叢書

馮　琦　《宋史記事本末》，臺北，商務，國學基本叢書

馮梓材　《宋元學案補遺》，臺北，世界，民國六十三年

程　顥　《二程集》，臺北，里仁，民國七十一年
程　頤

曾　鞏　《南豐類藁》，臺北，中華，四部備要

彭　耜　《道德眞經注》，臺北，藝文，正統道藏本

楊明照　《文心雕龍校注》，臺北，河洛，民國六十九年

楊仲良　《續資治通鑑長編紀事本末》，臺北，文海

詹道傳　《孟子集註纂箋》，臺北，漢京，通志堂經解本

鄭　玄　《禮記注》，臺北，新興，民國六十一年

趙秉文　《滏水集》，臺北，成文，九金人集

趙順孫　《孟子纂疏》，臺北，復興，復性書院校刊本

蔡　模　《孟子集疏》，臺北，漢京，通志堂經解本

劉　劭　《人物志》，臺北，中華，四部備要本

劉　敞　《公是弟子記》，臺北，藝文，知不足齋叢書

劉盼遂　《論衡集解》，上海，古籍，一九五七年

黎靖德　《朱子語類》（百衲本），臺北，漢京，四部善本新
　　　　刊，民國六十九年

歐陽修　《歐陽修全集》，臺北，世界，民國六十年

賴炎元　《春秋繁露今注今釋》，臺北，商務，民國七十三年

戴　震　《孟子字義疏證》，臺北，世界，民國六十三年

蘇　軾　《蘇東坡全集》，臺北，世界，民國六十三年

## 二、參 考 書

方東美　《中國人的人生觀》，臺北，幼獅，民國六十九年

王明蓀　《宋遼金史論文稿》，臺北，明文，民國七十七年

木　鐸　《歷代哲學文選 —— 宋元明》，臺北，木鐸，民國六十
出版社　九年

方　豪　《宋史》，臺北，華岡，民國六十八年

牟宗三　《心體與性體》，臺北，正中，民國六十四年

牟宗三　《名家與荀子》，臺北，學生，民國六十八年

吳春山　《陳同甫的思想》，臺大文學院，民國六十年

李弘祺　《宋代教育散論》，臺北，東昇，民國六十九年

李劍農　《宋元明經濟史稿》，臺北，華世，民國七十年

林敬文　《王安石研究》，臺北，師大，民國六十九年

韋政通　《中國思想史》，臺北，大林，民國七十年

韋政通　《董仲舒》，臺北，東大，民國七十五年

徐復觀　《中國人性論史》，臺北，商務，民國六十八年

唐君毅　《中國哲學原論 —— 原性篇》，臺北，學生，民國六十
　　　　八年

夏君虞　《宋學概要》，臺北，華世，民國六十五年

夏長樸　《李覯與王安石研究》，臺北，大安，民國七十八年

梁啓超　《王荊公》，臺北，中華，民國六十七年

陳登原　《國史舊聞》，臺北，大通，民國六十年

陳　錚　《王安石詩研究》，臺北，東吳大學中文所博士論文，

民國八十一年

陳鐘凡　《兩宋思想評述》，臺北，華世，民國六十六年

陶晉生　《宋遼關係史研究》，臺北，聯經，民國七十三年

程元敏　《三經新義輯考彙評》（共四冊），臺北，國立編譯
　　　　館，民國七十五年

程光裕　《宋太宗對遼戰爭考》，臺北，商務，民國六十一年

馮友蘭　《中國哲學史》，坊印本

馮友蘭　《貞元六書》，坊印本

勞思光　《中國哲學史 ── 第三卷》，香港，友聯，一九八〇年

黃秀璣　《張載》，臺北，東大，民國七十六年

楊泰懋　《王安石的新政》，臺北，世界，民國七十年

趙　翼　《廿二史劄記》，臺北，世界，民國六十年

蔡上翔　《王荊公年譜考略》，臺北，洪氏，民國六十二年

蔣復璁　《宋史新探》，臺北，正中，民國六十四年

劉子健　《南宋史研究彙編》，臺北，聯經，民國七十六年

鄧廣銘　《王安石》，北京，人民，一九七五年

錢　穆　《中國近三百年學術史》，臺北，商務，民國六十五年

錢　穆　《中國歷代政治得失》，九龍，大中國，民國五十五年

錢　穆　《中國學術思想史論叢》（五），臺北，東大，民國七
　　　　十七年

錢　穆　《國史大綱》，臺北，商務，民國四十五年

聶崇岐　《宋史叢考》，臺北，華世，民國七十五年

蕭公權　《中國政治思想史》，臺北，華岡，民國六十六年

## 三、論　文

于大成　〈王安石著述考〉，《國立中央圖書館館刊》，新一卷
　　　　三期，臺北，國立中央圖書館

谷齋光　〈王安石的歷史觀與其經濟改革〉，北京，人民大學書
　　　　報資料中心，宋遼金元史，一九八七年三月

林瑞瀚　〈宋史王安石傳註〉，《大陸雜誌》第二十七卷一至五
　　　　期，臺北，民國六十三年

胡　適　〈論李覯的學說〉，《胡適文存》，第二集，臺北，復興

夏長樸　〈王安石思想與孟子的關係〉，《紀念司馬光與王安石
　　　　逝世九百周年學術研討會論文集》，臺北，政大，民國
　　　　七十五年

張希清　〈論王安石的貢舉改革〉，《北京大學學報》第四期，
　　　　一九八六年

程光裕　〈王安石知鄞時之治績與佛緣〉，《紀念司馬光與王安
　　　　石逝世九百周年學術研討會論文集》，臺北，政大，民
　　　　國七十五年

賀　麟　〈王安石的性論〉，《思想與時代月刊》第四十三期，
　　　　民國三十六年

賀　麟　〈王安石的心學〉，《思想與時代月刊》第四十一期，
　　　　民國三十六年

楊渭生　〈王安石新學簡論〉，《中日宋史研討會中方論文選
　　　　編》，保定，河北大學，一九九一年

# 索　引

## 世界哲學家叢書 (九)

| 書　　　　　　名 | 作　　　者 | 出　版　狀　況 |
|---|---|---|
| 庫　　　　　　恩 | 吳　以　義 | 撰　稿　中 |
| 費　耶　若　本 | 苑　舉　正 | 撰　稿　中 |
| 拉　卡　托　斯 | 胡　新　和 | 撰　稿　中 |
| 洛　　爾　　斯 | 石　元　康 | 已　　出　　版 |
| 諾　　錫　　克 | 石　元　康 | 撰　稿　中 |
| 海　　耶　　克 | 陳　奎　德 | 撰　稿　中 |
| 羅　　　　　蒂 | 范　　進 | 撰　稿　中 |
| 喬　姆　斯　基 | 韓　林　合 | 撰　稿　中 |
| 馬　克　弗　森 | 許　國　賢 | 已　　出　　版 |
| 希　　　　　克 | 劉　若　韶 | 撰　稿　中 |
| 尼　　布　　爾 | 卓　新　平 | 已　　出　　版 |
| 默　　　　　燈 | 李　紹　崑 | 撰　稿　中 |
| 馬　丁・布　伯 | 張　賢　勇 | 撰　稿　中 |
| 蒂　　里　　希 | 何　光　滬 | 撰　稿　中 |
| 德　　日　　進 | 陳　澤　民 | 撰　稿　中 |
| 朋　諤　斐　爾 | 卓　新　平 | 撰　稿　中 |

| 書　　　名 | 作　　者 | 出版狀況 |
|---|---|---|
| 布　拉　德　雷 | 張　家　龍 | 撰　稿　中 |
| 懷　　特　　海 | 陳　奎　德 | 排　印　中 |
| 愛　因　斯　坦 | 李　醒　民 | 撰　稿　中 |
| 玻　　　　　爾 | 戈　　革 | 已　出　版 |
| 卡　　納　　普 | 林　正　弘 | 撰　稿　中 |
| 卡　爾・巴　柏 | 莊　文　瑞 | 撰　稿　中 |
| 坎　　爾　　爾 | 冀　建　中 | 撰　稿　中 |
| 羅　　　　　素 | 陳　奇　偉 | 撰　稿　中 |
| 穆　　　　　爾 | 楊　樹　同 | 撰　稿　中 |
| 弗　　雷　　格 | 趙　汀　陽 | 撰　稿　中 |
| 石　　里　　克 | 韓　林　合 | 排　印　中 |
| 維　根　斯　坦 | 范　光　棣 | 排　印　中 |
| 愛　　耶　　爾 | 張　家　龍 | 撰　稿　中 |
| 賴　　　　　爾 | 劉　建　榮 | 撰　稿　中 |
| 奧　　斯　　丁 | 劉　福　增 | 已　出　版 |
| 史　　陶　　生 | 謝　仲　明 | 撰　稿　中 |
| 赫　　　　　爾 | 馮　耀　明 | 撰　稿　中 |
| 帕　爾　費　特 | 戴　　華 | 撰　稿　中 |
| 梭　　　　　羅 | 張　祥　龍 | 撰　稿　中 |
| 魯　　一　　士 | 黃　秀　璣 | 已　出　版 |
| 珀　　爾　　斯 | 朱　建　民 | 撰　稿　中 |
| 詹　　姆　　斯 | 朱　建　民 | 撰　稿　中 |
| 杜　　　　　威 | 葉　新　雲 | 撰　稿　中 |
| 蒯　　　　　因 | 陳　　波 | 已　出　版 |
| 帕　　特　　南 | 張　尚　水 | 撰　稿　中 |

# 世界哲學家叢書 (七)

| 書　　　　　名 | 作　　　者 | 出版狀況 |
|---|---|---|
| 沙　　　　　特 | 杜　小　真 | 撰　稿　中 |
| 雅　　斯　　培 | 黃　　　藿 | 已　出　版 |
| 胡　　塞　　爾 | 蔡　美　麗 | 已　出　版 |
| 馬克斯・謝勒 | 江　日　新 | 已　出　版 |
| 海　　德　　格 | 項　退　結 | 已　出　版 |
| 漢　娜　鄂　蘭 | 蔡　英　文 | 撰　稿　中 |
| 盧　　卡　　契 | 謝　勝　義 | 撰　稿　中 |
| 阿　多　爾　諾 | 章　國　鋒 | 撰　稿　中 |
| 馬　爾　庫　斯 | 鄭　　　湧 | 撰　稿　中 |
| 弗　　洛　　姆 | 姚　介　厚 | 撰　稿　中 |
| 哈　伯　馬　斯 | 李　英　明 | 已　出　版 |
| 榮　　　　　格 | 劉　耀　中 | 撰　稿　中 |
| 柏　　格　　森 | 尚　建　新 | 撰　稿　中 |
| 皮　　亞　　杰 | 杜　麗　燕 | 撰　稿　中 |
| 別　爾　嘉　耶　夫 | 雷　永　生 | 撰　稿　中 |
| 索　洛　維　約　夫 | 徐　鳳　林 | 排　印　中 |
| 馬　　賽　　爾 | 陸　達　誠 | 已　出　版 |
| 梅　露・彭　廸 | 岑　溢　成 | 撰　稿　中 |
| 阿　爾　都　塞 | 徐　崇　溫 | 撰　稿　中 |
| 葛　　蘭　　西 | 李　超　杰 | 撰　稿　中 |
| 列　　維　　納 | 葉　秀　山 | 撰　稿　中 |
| 德　　希　　達 | 張　正　平 | 撰　稿　中 |
| 呂　　格　　爾 | 沈　清　松 | 撰　稿　中 |
| 富　　　　　科 | 于　奇　智 | 撰　稿　中 |
| 克　　羅　　齊 | 劉　綱　紀 | 撰　稿　中 |

| 書　　　　　名 | 作　　者 | 出　版　狀　況 |
|---|---|---|
| 伏　爾　泰 | 李鳳鳴 | 排　印　中 |
| 孟德斯鳩 | 侯鴻勳 | 已　出　版 |
| 盧　梭 | 江金太 | 撰　稿　中 |
| 帕　斯　卡 | 吳國盛 | 撰　稿　中 |
| 達　爾　文 | 王道遠 | 撰　稿　中 |
| 康　德 | 關子尹 | 撰　稿　中 |
| 費　希　特 | 洪漢鼎 | 撰　稿　中 |
| 謝　林 | 鄧安慶 | 排　印　中 |
| 黑　格　爾 | 徐文瑞 | 撰　稿　中 |
| 祁　克　果 | 陳俊輝 | 已　出　版 |
| 彭　加　勒 | 李醒民 | 已　出　版 |
| 馬　赫 | 李醒民 | 排　印　中 |
| 迪　昂 | 李醒民 | 撰　稿　中 |
| 費爾巴哈 | 周文彬 | 撰　稿　中 |
| 恩　格　斯 | 金隆德 | 撰　稿　中 |
| 馬　克　斯 | 洪鎌德 | 撰　稿　中 |
| 普列哈諾夫 | 武雅琴 | 撰　稿　中 |
| 約翰彌爾 | 張明貴 | 已　出　版 |
| 狄　爾　泰 | 張旺山 | 已　出　版 |
| 弗洛伊德 | 陳小文 | 已　出　版 |
| 阿　德　勒 | 韓水法 | 撰　稿　中 |
| 史賓格勒 | 商戈令 | 已　出　版 |
| 布倫坦諾 | 李河 | 撰　稿　中 |
| 韋　伯 | 陳忠信 | 撰　稿　中 |
| 卡　西　勒 | 江日新 | 撰　稿　中 |

# 世界哲學家叢書(五)

| 書　　　　名 | 作　　者 | 出　版　狀　況 |
|---|---|---|
| 中　江　兆　民 | 畢　小　輝 | 撰　稿　中 |
| 西　田　幾　多　郎 | 廖　仁　義 | 撰　稿　中 |
| 和　辻　哲　郎 | 王　中　田 | 撰　稿　中 |
| 三　　木　　清 | 卞　崇　道 | 撰　稿　中 |
| 柳　田　謙　十　郎 | 趙　乃　章 | 撰　稿　中 |
| 柏　　拉　　圖 | 傅　佩　榮 | 撰　稿　中 |
| 亞　里　斯　多　德 | 曾　仰　如 | 已　出　版 |
| 伊　壁　鳩　魯 | 楊　　適 | 撰　稿　中 |
| 愛　比　克　泰　德 | 楊　　適 | 撰　稿　中 |
| 柏　　羅　　丁 | 趙　敦　華 | 撰　稿　中 |
| 聖　奧　古　斯　丁 | 黃　維　潤 | 撰　稿　中 |
| 安　　瑟　　倫 | 趙　敦　華 | 撰　稿　中 |
| 安　　薩　　里 | 華　　濤 | 撰　稿　中 |
| 伊　本・赫　勒　敦 | 馬　小　鶴 | 已　出　版 |
| 聖　多　瑪　斯 | 黃　美　貞 | 撰　稿　中 |
| 笛　　卡　　兒 | 孫　振　青 | 已　出　版 |
| 蒙　　　　田 | 郭　宏　安 | 撰　稿　中 |
| 斯　賓　諾　莎 | 洪　漢　鼎 | 已　出　版 |
| 萊　布　尼　茨 | 陳　修　齋 | 排　印　中 |
| 培　　　　根 | 余　麗　嫦 | 撰　稿　中 |
| 霍　　布　　斯 | 余　麗　嫦 | 撰　稿　中 |
| 洛　　　　克 | 謝　啓　武 | 撰　稿　中 |
| 巴　　克　　萊 | 蔡　信　安 | 已　出　版 |
| 休　　　　謨 | 李　瑞　全 | 已　出　版 |
| 托　馬　斯・銳　德 | 倪　培　林 | 撰　稿　中 |

| 書　　　　名 | 作　　　者 | 出 版 狀 況 |
|---|---|---|
| 永　明　延　壽 | 冉　雲　華 | 撰　稿　中 |
| 湛　　　　然 | 賴　永　海 | 已　出　版 |
| 知　　　　禮 | 釋　慧　嶽 | 排　印　中 |
| 大　慧　宗　杲 | 林　義　正 | 撰　稿　中 |
| 袾　　　　宏 | 于　君　方 | 撰　稿　中 |
| 憨　山　德　清 | 江　燦　騰 | 撰　稿　中 |
| 智　　　　旭 | 熊　　　琬 | 撰　稿　中 |
| 康　　有　　爲 | 汪　榮　祖 | 撰　稿　中 |
| 章　　太　　炎 | 姜　義　華 | 已　出　版 |
| 熊　　十　　力 | 景　海　峰 | 已　出　版 |
| 梁　　漱　　溟 | 王　宗　昱 | 已　出　版 |
| 胡　　　　適 | 耿　雲　志 | 撰　稿　中 |
| 金　　岳　　霖 | 胡　　　軍 | 已　出　版 |
| 張　　東　　蓀 | 胡　偉　希 | 撰　稿　中 |
| 馮　　友　　蘭 | 殷　　　鼎 | 已　出　版 |
| 唐　　君　　毅 | 劉　國　強 | 撰　稿　中 |
| 宗　　白　　華 | 葉　　　朗 | 撰　稿　中 |
| 湯　　用　　彤 | 孫　尚　揚 | 撰　稿　中 |
| 賀　　　　麟 | 張　學　智 | 已　出　版 |
| 龍　　　　樹 | 萬　金　川 | 撰　稿　中 |
| 無　　　　著 | 林　鎮　國 | 撰　稿　中 |
| 世　　　　親 | 釋　依　昱 | 撰　稿　中 |
| 商　　羯　　羅 | 黃　心　川 | 撰　稿　中 |
| 維　韋　卡　南　達 | 馬　小　鶴 | 撰　稿　中 |
| 泰　　戈　　爾 | 宮　　　靜 | 已　出　版 |

# 世界哲學家叢書(二)

| 書 名 | 作 者 | 出 版 狀 況 |
|---|---|---|
| 陸象山 | 曾春海 | 已 出 版 |
| 陳白沙 | 姜允明 | 撰 稿 中 |
| 王廷相 | 葛榮晉 | 已 出 版 |
| 王陽明 | 秦家懿 | 已 出 版 |
| 李卓吾 | 劉季倫 | 撰 稿 中 |
| 方以智 | 劉君燦 | 已 出 版 |
| 朱舜水 | 李甦平 | 已 出 版 |
| 王船山 | 張立文 | 撰 稿 中 |
| 眞德秀 | 朱榮貴 | 撰 稿 中 |
| 劉蕺山 | 張永儁 | 撰 稿 中 |
| 黃宗羲 | 吳光 | 撰 稿 中 |
| 顧炎武 | 葛榮晉 | 撰 稿 中 |
| 顏元 | 楊慧傑 | 撰 稿 中 |
| 戴震 | 張立文 | 已 出 版 |
| 竺道生 | 陳沛然 | 已 出 版 |
| 眞諦 | 孫富支 | 撰 稿 中 |
| 慧遠 | 區結成 | 已 出 版 |
| 僧肇 | 李潤生 | 已 出 版 |
| 智顗 | 霍韜晦 | 撰 稿 中 |
| 吉藏 | 楊惠南 | 已 出 版 |
| 玄奘 | 馬少雄 | 撰 稿 中 |
| 法藏 | 方立天 | 已 出 版 |
| 惠能 | 楊惠南 | 已 出 版 |
| 澄觀 | 方立天 | 撰 稿 中 |
| 宗密 | 冉雲華 | 已 出 版 |

# 世界哲學家叢書(一)

| 書　　　　　名 | 作　　者 | 出　版　狀　況 |
|---|---|---|
| 孔　　　　　子 | 韋　政　通 | 撰　稿　中 |
| 孟　　　　　子 | 黃　俊　傑 | 已　出　版 |
| 荀　　　　　子 | 趙　士　林 | 撰　稿　中 |
| 老　　　　　子 | 劉　笑　敢 | 撰　稿　中 |
| 莊　　　　　子 | 吳　光　明 | 已　出　版 |
| 墨　　　　　子 | 王　讚　源 | 撰　稿　中 |
| 公　孫　龍　子 | 馮　耀　明 | 撰　稿　中 |
| 韓　非　　　子 | 李　甦　平 | 撰　稿　中 |
| 淮　南　　　子 | 李　　　增 | 已　出　版 |
| 賈　　　　　誼 | 沈　秋　雄 | 撰　稿　中 |
| 董　仲　　　舒 | 韋　政　通 | 已　出　版 |
| 揚　　　　　雄 | 陳　福　濱 | 已　出　版 |
| 王　　　　　充 | 林　麗　雪 | 已　出　版 |
| 王　　　　　弼 | 林　麗　真 | 已　出　版 |
| 阮　　　　　籍 | 辛　　　旗 | 撰　稿　中 |
| 嵇　　　　　康 | 莊　萬　壽 | 撰　稿　中 |
| 劉　　　　　勰 | 劉　綱　紀 | 已　出　版 |
| 周　敦　　　頤 | 陳　郁　夫 | 已　出　版 |
| 邵　　　　　雍 | 趙　玲　玲 | 撰　稿　中 |
| 張　　　　　載 | 黃　秀　璣 | 已　出　版 |
| 李　　　　　覯 | 謝　善　元 | 已　出　版 |
| 楊　　　　　簡 | 鄭　曉　江 | 撰　稿　中 |
| 王　安　　　石 | 王　明　蓀 | 排　印　中 |
| 程　顥　、程　頤 | 李　日　章 | 已　出　版 |
| 朱　　　　　熹 | 陳　榮　捷 | 已　出　版 |